유아 레크리에이션

RECREATION

권미란 · 백주하 지음

창지사

"이 책은 2010학년도 나사렛대학교 학술연구비 지원에 의해 저술되었음"

머리말

유아기는 몸이 많이 자라는 시기이다. 이 시기에 아이들은 다양한 놀이(운동)를 통해 기초 체력과 기본 운동 능력이 길러져야 한다. 많은 학자들이 아이들에게 어린 시절에 가능한 한 많은 운동 경험을 시켜 여러 면의 신체 움직임에 익숙하게 하는 일이 필수적이라 말한다. 그 이유는 유아기에 습득된 운동 능력이 일생 동안의 신체 움직임이나 운동 능력을 좌우하기 때문이다.

이 시기는 또한 생각과 느낌이 확장되어야 하는 시기이다. 생각과 느낌을 언어로, 소리로, 움직임으로, 극놀이로 표현해 봄으로써 어휘력이 향상되고, 심미감이 증진되며, 창의적 표현력이 길러진다. 친구들과 협력하면서 우애가 돈독해지고 더불어 사는 능력이 길러진다. 우리의 전통문화를 사랑하고 외국의 다른 문화들에 따뜻한 관심을 가지면서 상대방을 배려하고 존중하는 마음이 길러진다.

유아기는 이와 같이 심신의 발달이 조화롭게 이루어져야 하는 시기이다. 이 시기에는 아이들이 그들의 발달 특성에 맞는 적합한 놀이들을 풍부하게 경험함으로 신체적으로, 정신적으로 건강하고 행복한 아이들로 자라날 수 있도록 교사들이 도와야 할 것이다.

미약하나마 이 책이 유치원이나 어린이집 교사, 체육 활동을 지도하는 교사, 혹은 예비 교사들에게 도움을 줄 수 있는 책이 되기를 간절히 바라는 마음이다.

마지막으로 출판을 맡아 주신 창지사의 김기섭 사장님과 수고해 주신 모든 관계자 분들에게 깊은 감사를 드린다.

2011년 1월

저자 권미란 · 백주하

◐ 차례 ◑

Chapter 1

유아 레크리에이션 이론

1. 유아 레크리에이션의 중요성

놀이는 유아들의 전인적인 발달을 돕는다. 놀이를 통해 유아들은 사람들, 사물들과 상호 작용하면서 개념을 이해하고 학습함으로 '인지 발달'이 이루어진다. 또한 자신의 생각과 느낌을 말로 표현하며 언어 기술이 향상되고 어휘력이 증가되는 등 '언어 발달'이 이루어진다.

놀이를 통해 자신의 감정을 자연스럽게 상대방에게 표출하고 다른 아이들이 느끼는 감정을 의식하게 됨으로 정서적 감수성이 길러진다. 어울려 놀면서 책임감을 익히고 통제력이 훈련되는 등 자율성이 증가된다. 좌절이나 분노 등의 부정적 감정을 건전하게 배출시켜 정서적 안정감을 갖게 되며 자신감, 성공감으로 긍정적 자아개념이 형성되는 등 '정서 발달'이 이루어진다. 또한 놀이는 친구들과 협동하게 하고, 친구에게 양보하게 하며, 친구로 인해 인내하게 하면서 더불어 사는 것을 알게 하여 '사회성 발달'이 길러진다.

이 외에도 놀이는 신체 크기 변화인 신체 성장을 촉진시키고, 전신적 운동 기능인 대근육과 국소적 운동 기능인 소근육의 신체운동 기능을 향상시키는 등 '신체 발달'을 돕는다.

유아기는 운동 능력이 급속히 발달되는 시기로 이 시기에는 충분한 놀이를 해야 한다. 이 시기의 아이들에게 충분한 놀이 환경을 만들어 주는 것은 중요한 일이다. 충분한 놀이 환경이란 안전하게 놀이할 수 있는 다양한 환경을 말한다. 위험한 요소들을 미리 제거하고 아이들의 발달 특성에 적합한 놀이들을 제공해 줌으로 아이들의 몸과 마음이 모두 건강하게 자라날 수 있게 함을 의미한다.

그러나 이 시기의 아이들은 대부분 충분한 놀이 기회를 갖지 못한다. 부모들이 아이들에게 어릴 때부터 특정 지식이나 기능을 가르치기 위해 아이들의 발달 특성을 고려하지 않은 채 무리하게 교육을 시키는 경향이 있어 아이들은 충분히 놀이하지 못하고 심리적·정신적 부담을 안으면서 생활하고 있다.

신진대사를 원활히 하고 전신 발달을 촉진시킬 수 있는 놀이는 아이들에게 꼭 필요한 활동이며, 이러한 것들을 충족시켜 줄 수 있는 분야가 바로 레크리에이션Recreation이다. 레크리에이션은 아이들의 기분을 전환시켜 주고, 자신감과 의

욕을 불러일으키며, 몸과 마음을 건강하게 해 주고, 잠재력을 발견하게 해 줌으로 자신을 더욱 자기 자신일 수 있도록 도와주는 촉진제라 할 수 있다.

2. 레크리에이션의 역할

1) 피로 회복을 돕는다

피로란 과로로 인해 신체적 혹은 정신적으로 지쳐 있거나 약해져 있는 상태를 말한다. 피로를 풀기 위해서는 충분한 휴식, 영양, 적당한 운동, 기분 전환을 위한 놀이 활동 등이 도움이 된다. 적당한 움직임이 있고 기분 전환이 되는 레크리에이션 활동은 유아들의 피로 회복을 돕는다.

2) 신체 발달을 돕는다

신체적 성장과 함께 운동 능력이 급속하게 발달하는 시기인 유아기에 신체적 움직임이 있는 레크리에이션은 신진대사를 촉진시키고 기초 체력을 향상시켜 주어 균형 잡힌 체력을 지닐 수 있게 해 준다.

(1) 대근육과 소근육을 발달시킨다.
(2) 체력(근력, 민첩성, 순발력, 지구력, 유연성, 평형성 등)을 향상시킨다.
(3) 체격 및 골격의 발달과 균형을 이룬다.

체력	정의	활동 내용
근력	근육이 낼 수 있는 힘의 양, 즉 근육의 수축에 의해 발휘되는 힘의 총합	물체 들기, 물체 밀고 당기기, 윗몸 일으키기, 팔굽혀펴기, 던지기, 계단 오르내리기
민첩성	재빠른 동작으로 몸의 방향을 전환하거나 자세를 바로 잡는 능력	방향 바꿔 달리기, 장애물 지그재그 달리기, 방향 바꿔 제자리 높이뛰기
순발력	순간적으로 강한 힘을 발휘하여 달리고 뛰고 던지는 능력	달리기, 멀리뛰기, 공 던지기, 공차기

체력		정의	활동 내용
지구력	심폐지구력	운동을 지속해서 오래 할 수 있는 능력	걷기, 오래달리기, 자전거 타기, 줄넘기, 수영, 등산
	근지구력	근육이 오랫동안 운동을 지속할 수 있는 능력	철봉에 매달리기, 팔굽혀펴기, 윗몸일으키기
유연성		관절의 가동 범위를 크게 하면서 보다 정확하고 안전한 운동을 수행할 수 있는 능력	상체 앞으로 굽히기, 다리 벌리기, 스트레칭, 춤추기
평형성		정적이나 동적인 상태에서 신체의 평형을 유지할 수 있는 능력	한 발로 중심 잡기, 한 발로 뛰기, 선 따라 걷기, 평균대 걷기, 자전거 타기, 머리에 물건 얹고 걷기

3) 정서 발달을 돕는다

레크리에이션은 유아들의 긴장감이나 불안감을 분출시켜 주어 정서적 안정감을 지닐 수 있게 해 주고, 때로는 인내심과 참을성을 길러 주며, 성취감 및 성공감으로 자신감과 의욕이 생길 수 있게 해 준다.

연령	정서적 · 심리적 발달
3~4세	• 새로 익힌 동작 기술로 다른 사람의 도움 없이 스스로 할 수 있게 되어 자율성이 생기고 스스로 하려는 욕구가 강해져 자기 주도적으로 행동하고자 한다. 예) "내가 할래." • 감정을 조금씩 통제할 수 있게 된다.
4~5세	• 자신의 감정을 구체적인 언어로 표현할 수 있다. • 타인과 정서적 관계를 형성해 간다.

4) 사회성 발달을 돕는다

아이들이 어릴 때부터 놀이를 통해 또래들과 자연스럽게 상호 작용하면서 협동, 화합, 평등, 양보 등을 익히게 되어 친화력이 생기고, 타인 입장에서 생각하고 존중할 수 있게 되어 타인 존중사상이 발달되며, 집단을 이루어 놀이하게 됨으로 공동체의식 및 집단의식이 키워진다.

연령	사회성 발달
3~4세	• 만 2세까지는 주로 혼자 놀이를 하지만 점차 또래들과 어울려 놀이하려 하며 이를 즐기게 된다. • 대인 관계의 폭이 조금씩 넓어진다.
4~5세	• 상호 작용을 통해 협동, 양보, 도와주기 등의 사회적인 모습을 보인다. • 사회의 규칙, 규범을 수용하기 시작한다.

5) 인지 발달을 돕는다

게임을 포함한 다양한 레크리에이션 놀이 활동은 문제 해결 능력, 기억력, 판단력, 지식 습득 등의 인지 발달을 돕는다. 또한 다양한 공간에서 이루어지므로 공간지각 능력을 발달시킨다.

연령	인지 특성
3~4세	• 말이나 행동이 자기중심적이다. • 아직 보존개념이 확립되지 않았다. • 한 가지 관점으로 사물을 분류하는 중심화의 특성을 보인다. • 크고 작음, 오른쪽 왼쪽, 앞뒤 등의 상대적 관계성, 방향성, 공간적 감각을 지닌다. • 어제, 오늘, 내일, ~전, ~후 등의 시간 관계를 이해한다. • 모양, 색깔, 크기를 기준으로 간단한 분류가 가능하다.
5세	• 도형이나 간단한 사물을 정확하게 그릴 수 있다. 예) 동그라미, 세모, 나무, 집, 꽃 등 • 자아중심적 사고가 약해진다. • 일부 논리적 사고가 가능해진다. • 간단한 인과관계, 순서 인식이 가능하다. • 모양, 색깔, 크기에 따라 분류할 수 있다.

6) 언어 발달을 돕는다

놀이를 통해 또래들과 상호 작용하면서 의사소통 기술이 향상되고, 어휘력이 증가되며, 언어 표현력이 향상된다.

3. 유아 레크리에이션의 정의

1) 레크리에이션의 사전적 의미

레크리에이션Recreation은 '다시', '재'의 의미를 담고 있는 're'와 '창조'를 뜻하는 'creation'이 합쳐져서 된 단어(re리+creation크리에이션)이다. 즉, 재+창조를 뜻하며, 이는 '기분의 재창조', '인간관계의 재창조', '공동체 분위기의 재창조', '재능과 소질의 재창조', '성격의 재창조' 등의 의미를 포함한다.

2) 레크리에이션의 정의

'레크리에이션'은 여가 시간에 즐겁게 할 수 있는 놀이 활동을 통해 자신을 재창조하고 새롭게 하여 자기 계발과 자아실현을 이룰 수 있는 것을 뜻한다. 단순히 여가 중에 어떤 활동을 한다고 해서 그것이 모두 레크리에이션이 될 수는 없다. 그 활동을 통해서 성취감을 느끼고 자기만족 등의 정서적인 효과가 함께 나타나야 진정한 의미의 레크리에이션이 이루어졌다고 볼 수 있다.

이러한 의미를 포함하여 레크리에이션Recreation을 한마디로 정의한다면, "일상생활에서 받는 긴장, 스트레스를 풀고 기분을 전환하기 위해 여가 시간에 자발적으로 건전하고 가치 있는 활동을 함으로써 만족을 느끼고 새로운 힘을 얻는 것"이라 할 수 있다.

3) 유아 레크리에이션의 정의

유아들의 일상생활에서 비롯되는 긴장, 불안 및 스트레스 해소와 기분 전환을 위해 유아들의 발달 특성과 심리를 고려한 건전하고 가치 있는 놀이를 하게 함으로 유아들이 만족을 느끼고 새로운 힘을 얻을 수 있게 하는 것이라 할 수 있다.

4. 레크리에이션의 효과

1) 몸과 마음(심신)이 새로워진다

심신의 피로와 긴장, 스트레스를 해소시켜 줌으로 몸과 마음이 새로워진다.

2) 자발적 의지를 갖게 된다

자율적인 놀이 활동을 통해 성취감을 느끼고 자기발전을 가져오게 되어 자발적 의지를 갖게 된다.

3) 공동체 의식이 증진된다

긴장이 완화되고 기분이 전환되면서 상대방에 대해 마음이 열리고 결속하는 마음이 형성되어 공동체 의식이 증진된다.

5. 유아 레크리에이션 진행자가 갖춰야 할 조건

1) 레크리에이션 관련 전문 지식

레크리에이션을 진행하려면 놀이와 게임에 대한 기본 지식을 갖춰야 한다. 그리고 각 분야의 기본 상식, 아이들의 발달 특성과 심리 이해 등 전반적인 전문 지식을 갖추는 것이 바람직하다. 또한 각 분야별 종목에 대해 준비, 진행, 마무리까지 전체적으로 인지해야 하며 그 활동들을 통한 기대 효과도 알고 있어야 한다.

2) 레크리에이션 진행 기술

유아들은 아직 발달이 미숙하여 종종 실패하거나 돌발 행동을 할 수 있다. 레크리에이션 진행자는 돌발 상황에 민첩하게, 인내심을 가지고, 유머로 대처할 수 있어야 한다. 또한 아이들이 지루해하거나 재미없어 하면 즉시 순발력과 유연성으로 진행 기술에 변화를 주어야 한다.

3) 유아들의 신체 발달 및 운동 기능 특성 이해

유아들은 유아들만의 독특한 신체 발달 및 운동 기능 특성을 지닌다.

연령	신체 발달	운동 기능
2~3세	• **키** 2세: 출생 시(약 50~51cm)의 약 1.6배 • **체중** 2세: 출생 시(3.3~3.4kg)의 약 3.6배(약 12kg) • **자세** 팔다리가 곧게 펴지며 바른 자세가 됨 • 근육이 발달하고 신경조직이 분화됨	• 대근육 발달 예 음악에 맞춰 몸 흔들기(팔, 다리…), 깡충깡충 뛰기, 계단 오르내리기, 세발자전거 타기 • 소근육 발달 예 그리기, 블록 쌓기 등 • 눈과 손의 협응력 발달 예 선 따라 그리기, 선 안쪽에 색칠하기
4~5세	• **키** 4세: 출생 시의 약 2배(약 1m) • **체중** 4세: 매년 2~3kg 증가(약 16~18kg) • 양손 사용 능숙해짐	• 운동 기능이 급속도로 증대됨 움직임이 더욱 안정되고 유연해짐 • 대근육 발달 예 선 따라 걷기, 속도 조절하며 걷고 뛰기, 두 발로 점프하기, 공 던지기, 자전거 타기(보조바퀴) • 소근육 발달 예 숟가락 사용 능숙함, 젓가락 사용 서투름, 그림 그리기, 크레용으로 색칠하기, 구두끈 매기, 블록 쌓기 놀이
6세	• **키** 출생 시의 2배 조금 넘음(약 1m 12~13cm) • **체중** 출생 시의 5.4배(약 18~20kg) • **근육** 근섬유가 굵어지고 근력이 강해짐 • 소근육 발달로 섬세한 조절 가능	• 신체 균형 유지 가능 예 한 발 뛰기, 두발자전거 타기, 한 발로 균형 잡고 서기 • 대근육 발달 예 빨리 달리기, 줄넘기, 높이뛰기, 멀리뛰기 • 소근육 조정 능력 정교해짐 예 흘리지 않고 잔에 물 따르기, 연필로 글씨 쓰기, 혼자 옷 입고 벗기 • 신체관리 기술 발달 예 좌우 짝 맞춰 신발 신고 벗기

4) 유아들의 인격 존중

레크리에이션 진행자는 유아들의 의견이나 반응에 수용적이고 호의적인 반응을 보이며 포용력을 지녀야 한다.

5) 생동감 넘치는 표정

진행자의 생동감 넘치고 활력 넘치는 표정은 분위기를 흥겹게 만들어 준다. 레크리에이션 지도자는 아이들에게 생기를 더해 주고 활기를 불어넣어 주는 역할을 하여야 한다.

6) 유머와 재치

진행자는 아이들의 건강한 웃음을 자아내는 유머 감각을 지니고 있어야 한다. 레크리에이션을 진행하면서 순간순간 유머와 재치를 발휘해 분위기를 즐겁게 이끌어 나가야 한다.

7) 고정관념 깨기

게임 진행 시 이긴 사람에게만 반드시 유리하게 할 필요는 없다. 진 사람을 유리하게 하는 것도 웃음을 유발하게 하는 하나의 재미있는 진행 방식이 될 수 있다.

6. 유아 레크리에이션(게임) 진행 시 유의할 점

❶ 게임 진행 전 어수선한 분위기를 즐거운 노래나 박수 게임 등으로 흥겨운 분위기로 바꾸어 놓는다.

❷ 게임을 통해 지나치게 경쟁하는 마음이 아닌 협력하는 마음을 길러 준다. 레크리에이션 진행자의 진행 방식에 따라 아이들은 협력하는 것에 중점을 둘 수도 있고 지나친 경쟁심이나 승부욕에 중점을 둘 수도 있다. 경쟁하는 마음이 지나치면 게임에 이김으로 우월감을, 게임에 짐으로 패배감을 지니게 된다. 이런 경우 유아들에게 부정적인 정서를 갖게 하고 친구를 경쟁해서 이겨야 하는 상대로 생각하게 될 수 있다.

❸ 진행자는 모든 아이들이 잘 쳐다볼 수 있는 곳에 서고 아이들에게 시선을 골고루 보내어 소외감을 느끼지 않게 한다.

❹ 아이들이 이해할 수 있는 말로 게임 방법을 설명하되 말로 설명하기 어려운 경우에 직접 시범 보이면 아이들이 빨리 이해할 수 있다.

❺ 모든 아이들에게 게임 참여 기회를 균등하게 제공하여 방관자가 생기지 않게 한다.

❻ 유아들의 발달 수준에 맞는 게임들을 진행함으로 '나도 할 수 있다'는 자신감을 가질 수 있게 한다. 너무 어려운 게임은 아이들을 긴장시키거나 곧 지루함을 느끼게 해 흥미를 상실하게 만든다.

❼ 게임에 대한 벌칙이 있을 시 벌 받는 아이들이 창피해하거나 부담 갖지 않고 오히려 자신들의 장기를 발휘할 수 있게 함으로 벌 받는 시간이 즐거운 시간이 되게 한다. 게임 진행자는 아이들의 장기를 미리 파악해 놓는 것이 좋다.

❽ 게임을 진행할 때 편(조)들 간 점수 차가 크게 나지 않게 함으로 아이들이 끝까지 최선을 다할 수 있게 한다.

❾ 판단력과 순발력이 미숙한 아이들에게 안전사고가 발생하지 않도록 게임 진행자는 사전에 각별히 유의하여 게임 장소에 유리조각, 돌멩이, 뾰족하거나 날카로운 것들이 있는지 살핀다. 몸이 허약한 아이인 경우 특별히 신경 쓰며 때로는 휴식할 수 있도록 배려한다. 아이가 심하게 다쳤을 때는 바로 연락해서 치료받을 수 있도록 인근에 위치한 병원을 사전에 파악하고 연락처를 알아 둔다.

❿ 각 편마다 잘한 점들을 골고루 칭찬하여 모든 아이들이 자존감을 지닐 수 있게 한다. 상품은 비싼 가격의 상품을 특정 아이들에게만 주지 말고 저렴한 가격의 상품을 풍성하게 준비하여 열심을 다한 모든 아이들에게 다양한 이름으로 주는 것이 좋다.

⓫ 행사가 끝난 후엔 전체 진행자들이 평가회를 가짐으로 좀 더 나은 방향을 모색하며 더욱 발전할 수 있는 계기로 삼는다.

7. 레크리에이션의 범위

레크리에이션의 범위를 예술적 레크리에이션, 신체 활동적 레크리에이션, 취미적 레크리에이션, 행사적 레크리에이션으로 나누고 각각을 살펴보고자 한다.

레크리에이션의 범위			
예술적 레크리에이션	신체 활동적 레크리에이션	취미적 레크리에이션	행사적 레크리에이션
• 노래, 악기 연주, 춤 • 토막극 & 동극 • 마임놀이 • 표현놀이 • 예술작품 감상	• 게임 • 레저스포츠	• 취미 활동 • 수집 · 채집 활동 • 자원봉사 활동	• 단체 행사 • 파티(축제) • 관광(여행)

1) 예술적 레크리에이션

(1) 노래, 악기 연주, 춤

노래는 노랫말에 가락을 붙인 음악소리로 이루어진 시간예술이다. 반주가 따르기도 하고 따르지 않기도 한다. 혼자 부를 수도 있고, 함께 부를 수도 있고, 돌림노래로 부를 수도 있다. 노래는 어떤 장르동요, 게임 송, 가곡, 대중가요, 오페라, 팝송, 민요 등의 곡이든 다 포함된다.

레크리에이션을 위한 노래 곡은 사람들이 많이 알고 있고 부담 없이 즐길 수 있으며 흥미를 유발시킬 수 있는 곡들이 좋다. 나이 든 사람들에게는 옛날에 많이 불렀던 추억의 노래들로 주로 느린 곡이 좋고, 청소년을 포함한 젊은 층에게는 그들이 잘 아는 빠르거나 비트가 강한 곡이 좋으며, 유아들에게는 그들이 잘 알고 있는 동요나 친숙한 노래들로 쉽고 간단한 곡들이 좋다. 모션 송은 자연스럽게 동작을 곁들일 수 있는 노래들을 말한다.

악기는 소리를 나게 하는 도구이다. 악기 연주는 줄을 통해 소리 내는 현악기, 입으로 불어 소리 내는 관악기, 두드려 소리 내는 타악기, 건반을 두드려 소리

내는 건반악기와 우리나라의 고유 악기인 국악기(예: 사물놀이북, 장구, 꽹과리, 징)의 모든 연주를 다 포함한다.

유아들은 다양한 악기에 호기심을 느끼며 배우고자 하는 욕구를 지니고 있다. 또한 악기를 탐색하고 소리를 만들어 보면서 자기를 표현하곤 한다. 우리의 신체도 좋은 악기로 작용할 수 있는데 바로 손, 발, 무릎, 손가락 등 신체의 부분들이 악기가 될 수 있고 유아들은 자신의 몸으로 소리를 내는 것을 좋아한다. 손뼉치기, 발 구르기, 무릎치기, 손가락 튕기기 등 몸으로 낼 수 있는 소리들이 많이 있다.

춤은 포크댄스, 레크리에이션 댄스, 사교춤, 댄스 스포츠, 에어로빅 댄스, 디스코, 재즈 댄스, 발레, 탈춤, 탭댄스, 힙합댄스, 한국 고전무용, 외국 민속무용, 현대무용 등을 모두 포함한다.

(2) 토막극 & 동극

토막극이란 매우 짧은 단편적인 연극을 말한다. 이는 소인원이 어떤 주제 아래 즉석에서 역할을 정해 간단한 연극을 만드는 것을 말한다. 각자의 재능과 소질들이 합쳐져 재미있고 기발한 작품이 만들어진다.

동극은 어린이를 관객으로 어린이들, 어른과 어린이, 또는 어른들이 어린이를 위해 연기하는 극을 말한다. 동극은 노래를 곁들이고, 반복적인 대화를 포함하며, 재미있고, 아이들을 선도하는 교훈적인 목적을 지닌 것이 좋다.

이 외에 노래 · 춤 · 연기가 어우러지는 뮤지컬과 연극 · 음악 · 미술 · 무용 · 문학 등을 섞어서 구성한 종합예술인 오페라 등도 모두 레크리에이션에 포함된다.

(3) 마임 놀이

마임놀이란 어떤 사물을 과장되게 표현하는 놀이예: '딸기' 를 씻어 먹는 동작를 말한다. 양팔로 크게 형상화한 하나의 딸기를 수돗가에 가지고 가서 수돗물을 틀고 양손으로 딸기를 정성껏 씻은 후 수돗물을 잠그고 접시에 담아 가지고 와서 포크로 찍어 맛있게 먹는 동작을 과장되게 표현하는 것이다.

(4) 표현놀이

표현놀이란 각각의 한 사람이 사물의 일부분이 되어 어떤 사물을 표현하는 것이다. 예를 들면 '김밥 만들기' 의 경우 각각 입고 있는 옷 색깔을 기준으로 노란색의 옷을 입은 아이는 단무지 또는 계란이 되고, 붉은 색은 게맛살, 녹색은 시금치 또는 깻잎, 주황색은 당근, 연한 고동색은 우엉, 흰색은 밥알, 그리고 검정색은 김이 된다. 안에서부터 김밥 재료들을 함께 말기 시작해 겉은 밥알들이 둘러싸며 제일 가장자리는 김이 싸도록 하면 된다. 색다른 김밥을 표현하기 위해서 깻잎 하나를 김 밖으로 살짝 빠져 나오게 하면 더 재미있다.

(5) 예술작품 감상

음악독주회, 연주회, 발표회 등 감상, 미술작품그림, 서예, 조각, 판화, 지점토, 종이접기 작품 등 감상, 연극 감상, 영화 감상 등을 말한다.

2) 신체 활동적 레크리에이션

(1) 게임

게임은 규칙을 정해 놓고 승부를 겨루는 놀이 활동으로 이는 적어도 두 명 이상의 참여자가 대립 구조를 가지고 규칙에 따라 최선을 다한 후 결과에 이르게 되는 놀이 활동이다. 게임은 언제나, 어디서나, 누구하고나 즐겁게 놀이할 수 있는 생활의 활력소라 할 수 있으며 이는 판단력 · 문제 해결 능력을 증진시키고, 어휘력 · 언어 표현력을 향상시키며, 감각과 운동 간의 상호 협응력 · 신체 조정력을 확장시킨다.

게임은 실내 · 실외, 차내, 무대 위 등 어느 장소에서나 가능하다. 게임으로는 분위기 조성 게임, 박수 게임, 짝꿍 게임, 편 대항 게임 등이 있고, 퀴즈 게임, 난센스 게임, 빙고 게임, 퍼즐 게임 등이 있으며, 매직 게임, 운동 게임, 짝짓기 게임, 대도구 & 소도구 사용 게임 등이 있다. 게임은 구성원들의 마음을 집중시키고 일체감을 형성시켜 준다.

게임은 대상과 장소에 따라 종목을 선택하게 된다. 게임 진행자는 게임 규칙을 간단하고 명확하게 설명해 주어야 하며 게임에 참여하는 사람들은 규칙을 잘 따라야 한다.

게임은 규칙이 있으므로 벌칙도 존재한다. 아이들에게 적합한 벌칙으로는 '동물 소리 흉내 내기', '어린이, 아줌마, 할머니 소리 흉내 내기', '기쁠 때와 슬플 때 얼굴 표정 짓기', '숫자 빨리 세기' 등 재미있는 소재의 가벼운 벌이 좋다. 만약 벌칙이 벌을 받는 사람에게 긴장감, 불안감, 모욕감을 주는 상황이 된다면 분위기가 갑자기 어색해지고 침체될 수 있다. 따라서 벌을 받는 사람이 부담을 느끼지 않고 오히려 자신의 장기를 발휘할 수 있게 한다면 벌 받는 시간이 오히려 또 다른 즐거운 시간이 될 것이다.

게임은 아무리 재미있어도 지나치게 반복해서 진행하지 않는다. 또한 생각대로 게임 진행이 잘 되지 않을 때나 게임 내용이 대상의 수준과 맞지 않을 때는 신속하게 다른 게임으로 바꾸는 것이 좋다.

게임을 진행할 때는 항상 이 게임이 아이들에게 미치게 되는 기대 효과를 생각해야 한다. 아이들의 전인적인 발달을 의식하면서 균형 있게 그리고 조화롭게 게임을 계획하는 것이 바람직하다.

다음은 '재빨리 앉기' 게임에 대한 '게임 진행 계획안'이다. 기대 효과와 함께 응용 방법, 유의해야 할 점 등을 함께 고려함으로 게임으로 인해 비롯될 수 있는 아이들의 안전사고 예방에도 힘쓴다.

◐ 게임 진행 계획안 ◑

게임 명	재빨리 앉기	대상 연령	5세 이상	인원	약 10명
진행자					
준비물	사람 수보다 하나 적은 의자				
게임 진행 방법	1. 사람 수보다 하나 적은 의자들을 원을 따라 놓은 후 원 밖에 둘러선다. 2. 사회자가 정해 주는 노래를 함께 부르면서 의자 주변을 천천히 돈다. 3. 사회자가 "그만!" 하면 앞에 있는 의자에 재빨리 앉는다. 4. 의자에 앉지 못한 사람은 밖으로 나가게 된다. 5. 의자 수를 줄인 후 다시 시작한다.				
기대 효과	1. 집중력이 길러진다. 2. 순발력과 민첩성이 길러진다. 3. 방향 조정 능력이 증진된다. 4. 수리 능력이 향상된다.				
게임 진행 시 유의할 점	1. 서로 먼저 앉으려다 다칠 수 있으므로 조심시켜야 한다. 2. 과다한 경쟁심을 유발시키지 않는다.				
응용 방법	의자 대신 방석으로 진행할 수도 있다.				

다음의 게임들은 어디서나 쉽게 진행할 수 있는 게임들이다.

예 1 숫자 박수

■ 기대 효과 : 민첩성, 집중력, 리듬감, 수리 능력 향상

"우리 다 같이 박수 한 번 시작! (짝!), 박수 세 번 시작! (짝짝짝!),
박수 네 번 시작! (짝짝짝짝!), 박수 다섯 번 시작! (짝짝 짝짝짝!)"

예 2 공중 박수

■ 기대 효과: 민첩성, 방향 조정 능력, 집중력, 수리 능력, 리듬감 향상

양 손바닥을 마주쳐서 소리가 나게 할 수도 있고(앞!) 양 손등을 마주쳐서 소리가 나게 할 수도 있다(뒤!). 예를 들면 '앞뒤!'는 양 손바닥을 마주쳐서 한 번 소리가 나게 한 뒤 바로 양 손등을 마주쳐서 소리가 나게 하는 것을 의미한다.

"공중박수 두 번 시작! (짝짝!), 앞뒤! (짝짝!), 뒤앞! (짝짝!), 앞뒤앞! (짝짝짝!), 뒤앞뒤! (짝짝짝!), 앞앞뒤! (짝짝짝!), 뒤뒤앞! (짝짝짝!), 앞뒤뒤! (짝짝짝!)"

예 3 자기 이름 소개

■ 기대 효과: 친근감, 리듬감 형성

"한 사람씩 돌아 가면서 리듬감 있게 자기 이름을 소개하겠어요."
"나-는- 이영희-입니다-., 나-는- ○○○-입니다-., …"

예 4 노래 가사 받침 통일시키기 & 받침 없이 부르기

■ 기대 효과: 집중력, 기억력 증진

〈 무엇이 무엇이 똑같은가 젓가락 두 짝이 똑같아요 〉

ㅇ, ㄴ, ㄹ 받침으로 통일시키기

뭉엉잉 뭉엉잉 똥강응강 정강랑 둥 짱잉 똥강앙용.
문언인 문언인 똔간은간 전간란 둔 짠인 똔간안욘.
물얼일 물얼일 똘갈을갈 절갈랄 둘 짤일 똘갈알욜.

받침 없이 부르기

무어이 무어이 또가으가 저가라 두 짜이 또가아요

똑같아요

윤석중 작사
외국곡

예 5 동작 따라서 하기

■ 기대 효과: 집중력, 순발력, 방향 조정 능력, 리듬감 향상

'작은 별' 노래를 함께 부르며 진행자가 노래에 맞춰 만드는 동작들을 그대로 따라 한다. 그 다음은 노래를 반복해 부르면서 진행자의 동작들과 반대로 동작을 한다.

작은 별

윤석중 작사
모차르트 작곡

예 6 손바닥 주먹 계속 바꾸기

■ 기대 효과: 소근육 운동, 민첩성, 리듬감 향상

상대방과 마주 보며 한 손은 손바닥으로 상대방의 주먹과 마주 대고 다른 한 손은 주먹으로 상대방의 손바닥과 마주 대고 있다가 함께 '퐁당퐁당' 노래를 부르면서 손바닥과 주먹을 차례로 계속 오므렸다 폈다를 반복한다.

퐁당퐁당

윤석중 작사
홍난파 작곡

예 7 한 단어의 글자들 첫 글자부터 순서대로 크게 외치기

■ 기대 효과: 기억력, 집중력 향상

진행자가 정해 주는 한 단어의 첫 글자부터 마지막 글자까지 순서대로 크게 외친다. '무지개'를 예로 들면, "**무**지개!, 무**지**개!, 무지**개**!"라 하면 된다. 연령에 적합한 길이의 단어를 선정해 조별로 대항하게 한다. 한 조의 첫 아이부터 마지막 아이까지 차례로 빠르고 정확하게 외치는 데 걸린 시간을 합산해 조별로 비교하여 승패를 정하면 된다.

예 8 인간 피아노

■ 기대 효과: 멜로디감, 리듬감, 순발력, 민첩성, 기억력 향상

6명을 앞으로 나오게 한 다음 1열 횡대로 앉게 한다. 첫째 아이는 '도', 둘째 아이는 '레', 셋째 아이는 '미' … 여섯째 아이는 '라'음의 건반이 된다. 함께 노래하면서 자신의 음정에 해당되는 곳에서는 일어났다 앉았다 일어났다 앉았다를 반복하면 된다.

무엇이 무엇이 똑같은가~ 젓가락 두 짝이 똑같아요~
도미솔 도미솔 라라라솔~ 파파파 미 미미 레레레도~
(노래가 끝나면 모두 서 있게 된다)

반짝반짝 작은 별~ 아름답게 비치네~ 동쪽 하늘에서도~ 서쪽 하늘에서도~
도도솔솔 라라 솔~ 파파미미 레레도~ 솔솔파파미미레~ 솔솔파파미미레~

반짝반짝 작은 별~ 아름답게 비치네~
도도솔솔 라라 솔~ 파파미미 레레도~
(노래가 끝나면 모두 앉아 있게 된다)

예 9 양손 위치 바꾸기

- 기대 효과: 집중력, 기억력, 민첩성, 순발력, 리듬감 향상

양손이 양귀를 잡은 상태로 '맴맴' 노래를 부르다가 '고'자가 나오면 양귀 잡고 있던 양손을 민첩하게 바꾸어 잡고, 다시 '고'자가 나오면 양손 원위치 … 이렇게 바꾸는 동작을 계속 반복한다. 단, '고'자가 나올 때는 노래는 하지 않고 양손 위치 바꾸는 동작만 한다.

아버지는 나귀 타고 장에 가시고~
할머니는 건넛마을 아저씨 댁에~
고추 먹고 맴맴 달래 먹고 맴맴~

맴맴

윤석중 작사
박태준 작곡

예 10 쥐와 고양이

- 준비물: 초시계, 쥐 & 고양이 머리띠
- 기대 효과: 협동심, 민첩성, 순발력, 방향 조정 능력 향상

양옆 친구들과 손잡고 원을 만든다. 쥐 한 명, 고양이 한 명을 정한다. 쥐는 원 안에서 원 밖에 있는 고양이에게 잡히지 않기 위해 도망 다니고, 고양이는 원 밖에서 쥐를 잡기 위해 원으로 접근한다. 양손을 잡고 있는 친구들은 쥐를 보호하면서 고양이가 원 안으로 들어오지 못하도록 붙잡고 있는 양손으로 막아 준다. 쥐는 고양이에게 잡히지 않기 위해 도망 다닌다. 초시계를 사용해 일정한 시간을 정해 놓고 진행하면 좋다.

(2) 레저스포츠

레저스포츠란 leisure와 sports의 합성어로 '여가 시간에 행하여지는 스포츠'라 할 수 있다.

❶ 수상 및 수중 레저스포츠: 윈드서핑, 수상스키, 래프팅, 스쿠버다이빙, 수영,

카누, 요트, 물고기 잡기, 조개 캐기 등이 있다.

❷ 지상 레저스포츠: 걷기, 조깅, 경보, 새벽 산책, 하이킹, 인라인스케이트, 롤러스케이트, 모터사이클, 카레이스, 사냥, 등산, 삼림욕, 캠핑camping, 인공 암벽 등반, 체조미용체조, 리듬체조 등, 승마, 볼링, 에어로빅, 연날리기, 배드민턴, 테니스, 스쿼시, 야구, 배구, 탁구, 축구, 양궁, 농구, 마라톤, 골프, 당구, 요가, 씨름, 단전호흡 등이 있다.

❸ 빙상 레저스포츠: 스케이팅, 스키, 얼음썰매, 스노우보드 등이 있다.

❹ 항공(비행) 레저스포츠: 스카이다이빙, 번지점프, 패러글라이딩, 행글라이딩, 초경량 비행기, 모형 항공기, 열기구, 롤러코스터 등이 있다.

3) 취미적 레크리에이션

(1) 취미 활동

취미 활동이란 취미에 따라 활동하는 것으로 사진 찍기, 바둑, 오목, 장기, 뜨개질, 수예, 공예한지 공예, 양초 공예…, 매듭, 실내장식, 홈패션, 아트플라워, 도자기, 요리, 꽃꽂이, 꽃 가꾸기, 텃밭 가꾸기, 원예, 분재, 애완동물 키우기 등을 들 수 있다.

(2) 수집 & 채집 활동

수집 활동이란 취미로 여러 가지 물건이나 재료를 찾아 모으는 것으로 액세서리, 동전, 옛날 돈, 우표, 배지, 골동품, 사진, 그림, 팸플릿, 작은 숟가락, 머그잔, 모형동물, 물고기, 곤충, 꽃 등, 음반, 폐품, 재활용품 등을 모으는 활동을 말한다.

채집 활동이란 널리 찾아 얻거나 캐거나 잡아 모으는 것으로 야외에서 볼 수 있는 돌, 수석, 식물, 열매, 곤충 등을 모으는 활동을 말한다.

(3) 자원봉사 활동

자원봉사 활동이란 스스로 원해서 이웃과 사회를 위해 자신이 가진 것을 대가를 바라지 않고 제공하는 활동을 말한다. 육아원, 보육원, 노인정, 병원 등의 지역 자원봉사, 노인 방문 서비스, 노인 한글 교실, 장애인 관련 서비스 등 복지 자원봉사가 있다.

4) 행사적 레크리에이션

(1) 단체 행사

소풍, 운동회, 체육대회 등의 종합적인 행사를 말한다.

(2) 파티(축제)

파티란 경축하여 벌이는 큰 잔치를 말한다. 생일 파티, 댄스 파티, 기념일 파티, 입학 축하 파티, 졸업 축하 파티, 승진 축하 파티, 개업 파티, 크리스마스 파티, 부활절 파티, 학교 축제 등이 있다. 파티에서는 다양한 종류의 레크리에이션 활동이 전개된다. 노래, 춤, 게임 활동을 즐기고 맛있는 음식을 먹으며 흥겨운 대화를 나눈다.

(3) 관광(여행)

관광이란 다른 지방이나 다른 나라의 경치, 사회적 습관 등을 체험하며 즐기는 것으로 관광여행, 수학여행, 신혼여행, 효도관광, 배낭여행, 단풍놀이, 유적지 답사, 명승지 순례, 견학 등이 있다.

8. 특별 행사

1) 소풍

봄 향기와 봄 색깔로 가득한 봄날, 봄을 만나기 위해 봄 소풍을 계획하게 된다. 형형색색 울긋불긋 예쁘게 물든 가을날, 가을을 만나기 위해 가을소풍을 계획하게 된다.

'소풍' 행사를 위해서는 먼저 사전답사를 해야 한다. 어디에 위치해 있고, 거리는 어느 정도 되고, 차량 운행은 어떻게 해야 하고, 대중교통편은 어떻게 되는지, 아이들이 편안하게 게임할 수 있는 장소가 있는지, 안전하고 즐겁게 시간을 보낼 수 있는 곳인지, 또한 수돗가와 화장실이 가까운 곳에 있는지, 주변에 그늘이 있는지 등을 확인해야 한다.

소풍 당일은 아이들이 등원하자마자 교육보육 기관명, 원아명, 연락처가 붙어 있는 이름표를 달아 준다. 모든 원아들에게 똑같은 색깔의 유니폼을 입게 함으로 소풍 장소를 찾은 많은 인파 속에서 금방 눈에 띌 수 있게 한다. 질문 응답으로 원아들과 상호 작용하면서 소풍 행사 중 지켜야 할 규칙들을 정하고 안전을 다짐한다.

게임을 위한 자료 및 준비물유인물, 상품, 기념품 등, 소도구호루라기, 스톱워치, 풍선, 손수건, 앰프, CD, 기타, 반주기 등를 준비한다. 구급약과 다친 아이들이 편안히 앉아 치료받을 수 있는 유아용 의자를 준비한다.

부모님이 따라오는 경우 부모와 함께 할 수 있는 게임인 '포크댄스', '짝 게임', '단체 게임' 등을 마련해 가족이 모두 즐거운 시간을 가질 수 있도록 계획한다. 식사 후 보물찾기 게임을 함으로 다리운동과 함께 상품을 받는 즐거움을 맛볼 수 있게 한다.

놀이하는 활동사진과 단체사진도 찍는다. 행사로 인해 땅에 어질러져 있는 쓰레기는 하나의 게임 형식자연보호 게임으로 진행하여 백군과 청군 중 쓰레기를 많이 주워 온 편에게 가산점을 주어 편 점수에 반영하게 되면 쓰레기를 열정적으로 주워 오게 된다.

동·식물원 견학 코스가 있거나 벚꽃놀이 등 야간 개장을 겸한 놀이동산이면 더 효율적인 소풍 장소가 될 것이다. 그림책이나 텔레비전에서 보았던 동물, 꽃, 열매들을 직접 오감으로 체험할 수 있게 된다. 모든 행사가 끝날 때 쯤 부모님을 오시게 해서 가족 단위로 놀이기구와 벚꽃놀이를 즐길 수 있게 한다.

2) 운동회

드높고 푸르른 가을 하늘, 아이들에게 쌓였던 스트레스를 해소하고 튼튼한 몸과 마음을 기를 수 있는 운동회를 계획하게 된다. 운동회는 어린이들의 행사인 동시에 어른들의 행사이기도 하므로 온 가족이 참여할 수 있는 토요일이나 일요일 또는 국경일로 정하는 것이 좋다.

어른들에게는 동심의 세계로 돌아가 정답게 이야기 나누고 마음껏 운동할 수 있는 즐거운 날이 되게 한다. 아이들을 위한 게임, 부모를 위한 게임, 할머니 · 할아버지를 위한 게임, 아이들과 부모가 함께 할 수 있는 게임들을 조화롭고 균형 있게 계획하여 온 가족에게 즐거운 시간이 되게 한다.

운동회 행사는 주로 인근 초등학교 운동장을 빌려서 하는 것이 좋다. 운동회 역시 사전답사를 통해 수돗가와 화장실이 가까운 곳에 위치해 있는지, 본부석은 어디로 정하면 좋은지, 만국기를 어디에 띄우는 것이 적당한지 등을 점검해야 한다.

현수막과 음향 장비, 녹음기, 노래 테이프나 CD, 북, 징, 꽹과리 등을 준비하고, 사진기, 게임에 필요한 게임 도구, 화약총, 바통, 호루라기, 초시계, 점수판, 주전자, 휴지, 구급약 등을 준비한다.

아이들이 다치지 않도록 예측되는 위험 요소를 철저하게 사전 점검함으로 안전사고에 대비한다. 아이들은 위험 상황을 판단할 수 있는 판단력이 부족한 미성숙한 존재인데다 매사에 호기심이 많아 잠시도 가만히 있지 않음으로 사고의 위험이 크다.

쓰레기 봉지를 준비해 어질러진 쓰레기들을 깨끗이 치운다. '쓰레기 치우기'를 하나의 게임으로 진행하여 백군과 청군 중 쓰레기를 많이 주워 온 편에게 가산점을 주어 편 점수에 반영시키면 즐겁게 쓰레기를 주워 오게 된다.

온 가족이 참가해 선수가 되고 화합하고 단결할 수 있는 즐거운 운동회 날! 본부석에 장려상, 우수상, MVPMost Valuable Player: 최우수 선수상뿐만 아니라 참가상, 응원상, 단합상, 아차상, 아차차상 등 다양한 상품을 준비해 행복한 웃음으로 마무리할 수 있게 한다.

Chapter 2

다문화가정 자녀를 위한 레크리에이션

1. 다문화가정이란?

'다문화가정' 이란 서로 다른 민족이나 인종끼리 결합된 가정으로 통상 현재 국내에 거주하고 있는 국제결혼가정을 의미한다. 국제결혼가정 자녀는 한국인 아버지어머니와 외국인 어머니아버지 사이에서 태어난 자녀를 의미하는데 이들은 국적법 제2조 제1항에 따라 출생과 동시에 대한민국 국민이 되므로 헌법 제31조에 의한 교육권을 보장받는다.

외국인 근로자 자녀(외국인 근로자 부부외국인 근로자가 한국에서 또 다른 외국인 근로자를 만나 결혼하거나 본국에서 결혼하여 형성된 가족이 국내에 이주한 가정의 자녀)도 헌법 제6조 2항과 유엔 아동권리협약1989년 유엔총회에서 만장일치로 채택, 대한민국정부 1991 비준, 유엔 아동권리위원회 권고2003. 1에 따라 한국인 자녀와 동등한 교육권을 보장받는다. 외국인 근로자 가정은 부부의 국적이 같을 수도 있고 다를 수도 있다.

2. 다문화가정 자녀가 근본적으로 극복해야 할 문제

다문화가정 자녀는 태어날 때부터 극복하지 않으면 안 되는 어려운 문제들을 안고 태어난다. 이중 문화로 인한 혼란과 갈등, 가정에서 사용하는 언어와 교육 현장에서 사용하는 언어의 불일치로 인한 의사소통의 어려움, 학업 지장 초래 등의 문제들에 직면하게 된다. 외국인 아버지와 한국인 어머니가 만나서 가정을 이룬 경우에는 언어 습득에 영향을 많이 미치는 어머니가 한국 사람이므로 상대적으로 이런 어려움이 적지만, 그 반대의 경우는 한국말이 서투르고 문화가 다른 어머니와 생활함으로 함께 언어가 서툴게 되고 따라서 교육 현장에서도 학업에 어려움을 지니게 된다. 현재 우리나라 다문화가정의 현황은 한국인 아버지와 외국인 어머니가 만나서 가정을 이룬 경우가 대부분이라 할 수 있다.

다문화가정 자녀들은 친구들과 다른 피부색을 지님으로 사회적 편견이 작용해 친구들과 잘 어울리지 못하게 되어 자연히 소극적인 성격이 되고 비사교적이 되어 사회적 관계 형성에 영향을 받게 된다. 이는 아이들의 자아정체감과 자아존중감 형성에 부정적인 요인으로 작용하게 된다.

3. 다문화가정 자녀의 자아정체감과 자아존중감 형성

자아정체감self-identity이란 '나는 누구인가에 대한 분명한 인식'으로 나 자신에 대한 일관되고 지속적이며 안정감 있는 지각을 말한다. 자아정체감은 내가 나 자신을 지각하는 자아와 다른 사람의 눈에 비친 나 자신 사이의 조화를 포함하며 이 둘 사이에는 일관성이 있어야 한다.

자아존중감self-esteem이란 '자신의 가치를 자신이 어떻게 판단하는가? 즉, 개인이 자신을 가치 있는 사람으로 인정하며 긍정적으로 수용하는 정도'를 말한다.

가정과 학교에서 아이들이 소중한 인격체로 존중받으며 부모, 교사, 친구들과 상호 작용한다면 긍정적인 경험들이 쌓이게 되어 자아정체감과 자아존중감 형성에 긍정적으로 작용하게 된다.

4. 다문화가정 자녀를 위한 레크리에이션(놀이 활동)

다문화가정 자녀들은 우리나라 문화에 속해 있으면서 동시에 다른 나라 문화에 속해 있으므로 교사와 일반 가정 자녀들은 우리나라 문화와 다른 나라의 문화들을 조화롭게 이해하면서 그들과 함께 더불어 생활할 수 있는 역량을 지녀야 한다.

다음의 놀이들은 친구들과 친밀한 관계를 형성하고 깊은 우정을 쌓을 수 있도록 도와주는 놀이들이다. 교사는 일반 가정 아이들과 다문화가정 아이들에게 이러한 놀이 기회를 자주 마련해 주어 서로 자연스럽게 어울리며 즐거운 생활을 할 수 있도록 도와야 한다.

1) 가족 소개

친구들에게 가족사진을 보여주며 자신의 가족을 소개한다.

2) 자기소개를 통한 자아 존중감 기르기

내 이름은 _______예요. 나는 ________하는 것을 좋아해요. 나는 커서 _______가 되고 싶어요. 어른들도 나를 보고 잘한다고 칭찬해 주세요.

3) 역할놀이

친구들과 아빠·엄마 놀이, 선생님 놀이, 의사 놀이 등의 역할놀이를 한다.

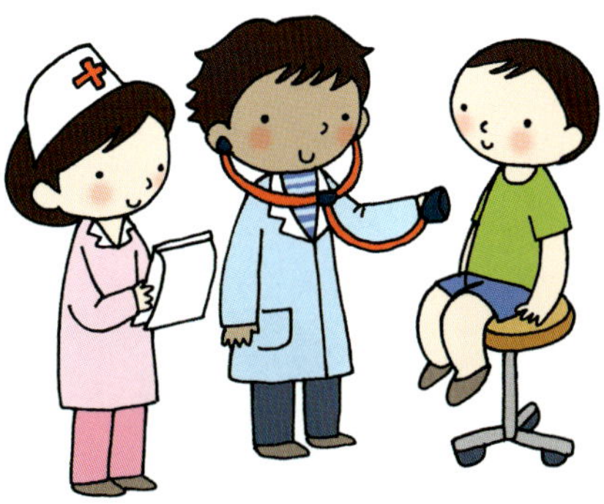

4) 동작 따라 하기

한 아이가 노래예: 반짝반짝 작은 별…에 맞춰서 하는 동작을 친구들이 그대로 따라 한다.

5) 전화놀이

모형 전화기(종이컵)를 귀에 대고 친구와 우리나라 말과 친구에게 익숙한 나라 말로 인사를 주고받는다.

6) 칭찬하기

한 친구의 장점을 다른 친구들이 돌아가면서 한 가지씩 말한다.

7) 편지(카드) 쓰기

친구끼리 편지나 카드를 주고받는다.

8) 전래동화 들려주기

한 사람씩 돌아가면서 친구들에게 전래동화를 들려준다.

9) 이름 대기

야채 이름 대기, 과일 이름 대기, 동물 이름 대기, 나라 이름 대기, 자동차 이름 대기, 학용품 이름 대기, 물고기 이름 대기 놀이를 한다.

10) 리듬악기 연주

아이들이 좋아하는 동요를 리듬악기로 연주한다.

11) 집에 친구 초대하기

집에 친구를 초대해 함께 식사하고 즐거운 대화, 놀이시간을 갖는다.

12) 전래 놀이

친구들과 함께 '무궁화 꽃이 피었습니다', '여우야! 여우야! 뭐하니?', '두껍아! 두껍아!', '팽이치기', '제기차기', '줄넘기', '투호 놀이', '딱지치기', '연날리기' 등의 전래놀이를 한다.

13) 우리 음식 맛보기, 만들어 보기

대부분의 외국 사람들이 좋아하는 김밥, 불고기, 비빔밥 등의 우리 음식을 맛보고 함께 만들어 본다.

14) 다문화 관련 TV 프로그램 함께 시청한 후 이야기 나누기

예: '러브 인 아시아', '사돈 처음 뵙겠습니다' 등의 프로그램을 함께 시청한 후 이야기 나눈다.

15) 세계 여러 나라의 국기 그리기

세계 여러 나라의 국기를 하나씩 그려 본 후 그 나라의 언어, 음식, 풍습 등에 관해 이야기 나눈다.

16) 세계 민속의상 입기

다른 나라의 민속의상을 입고 사진 찍는다.

17) 세계 여러 나라의 노래 배우기

세계 여러 나라의 노래들을 배우고 익힌다.

18) 세계 여러 나라의 음식 맛보고 만들어 보기

다른 나라의 음식을 맛보고 만들어 본다.

19) 세계 여러 나라의 소품, 공예품, 장식품 전시

세계 여러 나라의 화폐, 의상 등의 소품, 공예품, 장식품들을 전시하는 행사를 갖는다.

20) 세계 여러 나라의 생활 모습 연구 조사 및 발표

세계 여러 나라의 의식주 관련 생활 모습을 연구 조사한 후 발표한다.

Chapter 3

유아 레크리에이션 실제

1. 대상별 게임

1) 4~5세를 위한 게임

❶ 탁구공 릴레이

❷ 신발 찾아 릴레이

❸ 립스틱 전달하기

❹ 색깔판 뒤집기

❺ 코코코

❻ 하늘! · 땅! · 바다!

❼ 방 안의 물건 찾기

❽ 발바닥 밟고 가기

❾ 화장지 점프

2) 6~7세를 위한 게임

❶ 청개구리 대답

❷ 가위바위보! 챔피언

❸ 시계 게임

❹ 동작 따라 하기

❺ 사구동성

❻ 엄지 씨름

❼ 바꿔! 바꿔! 귀·코

❽ 훌라후프 통과하기

❾ 둘이서 한마음

❿ 양파링 전달하기

⓫ 캥거루 풍선 릴레이

⓬ 순서대로

3) 부모와 함께 하는 게임

❶ 가마 릴레이

❷ 한마음 줄넘기

❸ 이마와 이마 사이

❹ 자동차 안마 게임

❺ 칭찬하기

❻ 인간 경운기

❼ 집어! 놔!

❽ 전자 손뼉

❾ 위로! 아래로!

❿ 테이프 떼기

⓫ 타잔과 제인

1. 대상별 게임
4~5세를 위한 게임 ❶

탁구공 릴레이

준비물 탁구공, 숟가락

진행 방법

① 진행자는 편별로 탁구공 1개와 개인 숟가락을 나누어 주고 출발점에 서게 한다.

② 참가자들은 숟가락을 입에 물고 출발점에 선다.

③ 1번 주자부터 입에 문 숟가락 위에 탁구공을 올려놓고 반환점을 돌아서 온다.

④ 이와 같은 방법으로 탁구공을 빨리 전달하는 편이 이기는 경기이다.

⑤ 게임 도중 탁구공을 떨어뜨리면 출발점으로 돌아가 다시 시작한다.

유의 사항

참가자들이 숟가락을 입 안 깊숙이 물지 않도록 한다.

응용 방법

① 숟가락을 입에 넣는 대신 손에 들고 반환점을 돌아오는 것으로 변경 가능하다.

② 출발점부터 반환점까지 편별로 1열로 선 후 옆 사람에게 전달하여 정해진 시간에 많이 옮기기를 하여도 좋다.

1. 대상별 게임
1) 4~5세를 위한 게임 ❷

신발 찾아 릴레이

준비물 신발

진행 방법

① 큰 원을 그리고 원 안에 유아들의 신발을 한 짝씩 벗어 놓게 한다.

② 진행자의 신호에 따라 한 명씩 원 안에 있는 자기 신발 한 짝을 찾아 신고 와서 다른 사람과 터치한다.

③ 자기 신발을 빨리 찾아 신으면 이기는 경기이다.

④ 이와 같은 방법으로 계속 이어지는 릴레이 게임이다.

응용 방법

신발 대신 소지품(장갑, 양말, 가방 등)을 이용해도 좋다.

1. 대상별 게임
1) 4~5세를 위한 게임 ❸

립스틱 전달하기

준비물 립스틱

진행 방법

① 각 편의 주장은 맨 앞에 서고 참가자들은 한 줄로 뒤로 서게 한다.

② 진행자는 주장의 코에 립스틱을 많이 발라 준다.

③ 진행자의 신호에 따라 앞사람은 뒷사람에게 코를 맞대어 립스틱을 묻혀 전달한다.

④ 이때 손은 사용할 수 없고 코에서 코로 전달해야 한다.

⑤ 맨 뒤 참가자까지 빨리 전달하는 편이 이긴다.

응용 방법

물감을 이용해 손바닥끼리 맞대어 비빈 후 전달하게 하여도 재미있다.

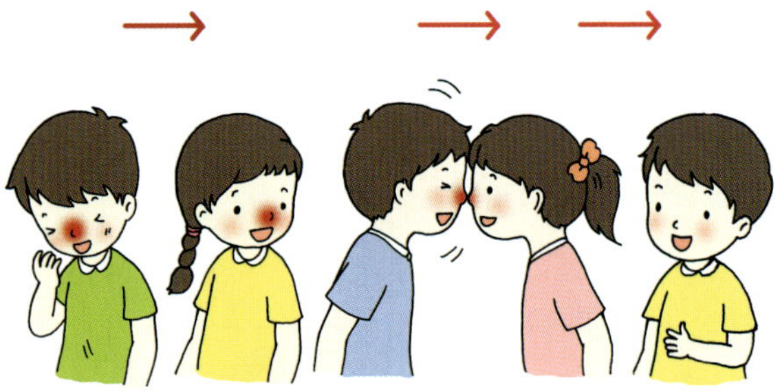

쉬어 가기

고양이에게 곧 잡혀 먹힐 상황에 처한 지혜로운 쥐가 한마디 하자 고양이가 절절매며 도망쳤다. 쥐가 한 말은?

→ 나 쥐약 먹었어.

1. 대상별 게임
1) 4~5세를 위한 게임 ❹

색깔판 뒤집기

준비물 색깔판

진행 방법

① 각 편에게 색깔판의 색상을 정해 준다.

② 진행자의 신호에 따라 자기 편의 색깔을 상대편보다 빨리 뒤집는다.

③ 진행자는 뒤집힌 색깔판을 숫자로 세어 승부를 낸다.

유의 사항

반칙(깔고 앉기, 멀리 던지기 등)을 하지 않게 한다.

응용 방법

① 색깔 대신 동물 모양이나 도형 등으로 바꾸어도 좋다.

② 편을 여럿으로 나누어 토너먼트 식으로 진행해도 좋다.

1. 대상별 게임
1) 4~5세를 위한 게임 ❺

코코코

진행 방법

① 진행자는 오른손 검지 손가락을 코에 대고 "코코코…" 하고 구령을 외친다.

② 진행자의 구령에 따라 참가자들은 오른손 검지를 코에 대고 "코코코…" 하고 따라 한다.

③ 진행자는 "코코코…" 하다가 "눈!"을 외치면서 '눈' 을 만지면 참가자들은 눈을 만지고, 진행자가 "코코코…" 하다가 "머리!"를 외치면서 '머리' 를 만지면 참가자들은 머리를 만진다.

④ 진행자가 "코코코…" 하다가 '이마' 를 만지면서 "눈!" 하고 외치면 참가자들은 '눈' 을 만진다. 이때 참가자가 이마를 만지면 틀리게 된다.

⑤ 진행자는 이와 같은 방법으로 속도를 빠르게 하여 재미있게 진행하면 된다.

응용 방법

얼굴 부위도 좋지만 신체 각 부위를 지목하며 진행하여도 좋다.

쉬어 가기

물고기의 반대말은?

→ 불고기

하늘! · 땅! · 바다!

진행 방법

① 하늘! : 양손을 들어 반짝인다.

② 땅! : 손뼉을 연속으로 친다.

③ 바다! : 무릎을 두드린다.

※ 진행자와 다른 행동을 하는 참가자는 틀리게 된다.

응용 방법

① 진행자는 하늘 · 땅 · 바다 대신에 그곳에 해당되는 특징 있는 것이나 사물 등을 사용하여 진행해도 좋다.

예 하늘 : 비행기, 새 / 땅 : 자동차, 사자 / 바다 : 잠수함, 물고기

② 각종 사물 또는 장소를 이용해도 좋다.

예 교실, 식당, 놀이터…

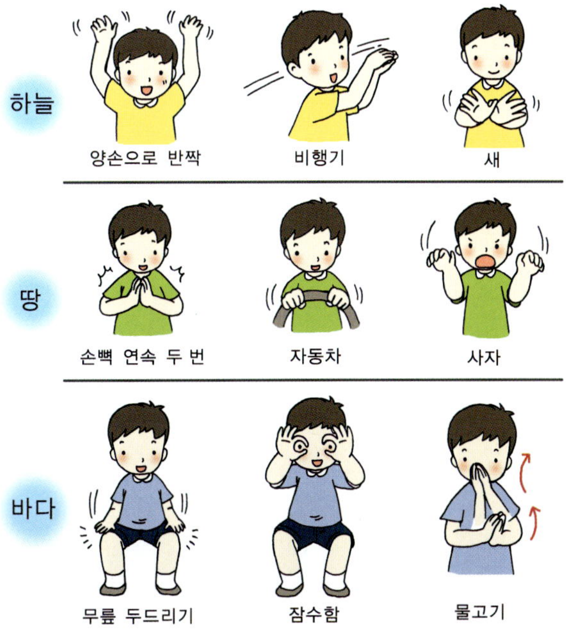

1. 대상별 게임
1) 4~5세를 위한 게임 ❼

방 안의 물건 찾기

준비물 각 놀이 영역의 놀이기구 및 장난감 한 가지씩(책, 가위, 크레파스, 레고블록, 우레탄블록, 자동차), 교구 바구니, 낮은 책상

진행 방법

① 이야기 나누기 대형으로 모여 앉는다.

② 놀이 영역들을 손으로 가리키며 각 영역에 대해 언급한다.

③ 진행자가 바구니에서 장난감을 한 가지씩 꺼내어 책상 위에 올려놓으면 어떤 장난감인지, 어디서 보았는지 이야기해 본다.

④ 다 살펴본 후 같은 것을 찾아온다.

- 이것과 같은 장난감이 우리 방 어디에 있는지 알고 있니? 누가 찾아보겠니?

⑤ 처음에는 1명이 해 보고 2~3명이 동시에 해 본다(다른 참가자들은 배운 노래나 간단한 손유희를 하면서 기다린다).

⑥ 찾아오면 칭찬한 후 다른 참가자가 해 보게 한다.

⑦ '없어진 놀잇감 찾기' 게임을 하면서 놀잇감 하나를 치운다.

- 이제 너희들이 눈을 가리고 있는 동안 장난감이 하나 없어질 거야. 어떤 것이 없어지는지 이야기해 보자.
- 자, 눈을 손으로 가리고 다 함께 "하나!, 둘!, 셋!" 하고 세어 보자.
- 어떤 장난감이 없어졌나요?

1. 대상별 게임
1) 4~5세를 위한 게임 ❽

발바닥 밟고 가기

준비물 참가자 신체(발바닥, 손바닥, 엉덩이) 그림, 융판, 참가자들의 사진(혹은 개인 표시 그림), 신호 악기, 낮은 책상

진행 방법

① 게임 대형으로 나누어 앉는다.

② 노래 '머리, 어깨, 무릎, 발'을 부르며 신체 각 부분을 짚어 본다.

③ 바닥에 있는 그림을 보며 우리 몸의 어디인지, 그림대로 걸으려면 어떻게 걸어야 하는지 이야기하고 몇 명의 참가자가 나와 신체 그림을 밟으며 걸어 본다.

④ 게임 방법과 규칙에 대해 이야기 나눈다.

- 한 편에서 1명씩 이름 부르면 출발선에 서서 준비한다.
- 악기 소리에 맞추어 신체 그림을 밟으며 가서 융판에 사진을 붙이고 돌아온다.
- 돌아와서 진행자와 악수하고 제자리에 앉는다.

⑤ 양편에서 1명씩 게임한다.

⑥ 한 번씩 게임한 후 칭찬하고 다음 참가자들이 한다.

응용 방법

다양한 신체 모양 그림을 준비하면 좋다. 참가자들이 각기 표현하는 모습도 재미있다.

1. 대상별 게임
1) 4~5세를 위한 게임 ❾

화장지 점프

준비물 화장지

진행 방법

① 진행자는 각 편에게 두루마리 화장지를 나눠 준다.

② 참가자들은 화장지를 서로 연결된 상태로 목에 감는다.

③ 진행자는 참가자들에게 앞으로 걷거나 점프 등 여러 가지 행동을 하게 한다.

④ 끝까지 화장지가 끊어지지 않는 편이 게임에서 이기게 된다.

응용 방법

목 대신 다른 신체 부위(팔, 다리, 허리 등)에 화장지를 감고 게임을 진행해도 좋다.

쉬어 가기

할머니가 지팡이를 짚고 언덕길을 간신히 오르고 있었다.
한 아이가 할머니를 도와주겠다면서 한 말은?
→ "할머니! 지팡이 제가 들어 드릴게요."

청개구리 대답

진행 방법

① 진행자가 유아에게 질문하면 '예', '아니오'로만 대답해야 한다는 것을 먼저 알려 준다.

② 그 다음 진행자가 질문을 하면 참가자들은 '예', '아니오'라고 대답하면서 머리는 반대로 흔들게 하면 참가자들의 실수로 웃음을 유도할 수 있다.

예 "여러분은 돼지하고 친구이지요?" 하고 물으면 참가자들은 '아니오'라고 대답하면서 머리는 상하('예')로 흔든다.

③ 진행자는 그 프로그램에 맞는 질문들을 사전에 준비해야 참가자들의 흥미를 유발시킬 수 있다.

응용 방법

편별 대표를 뽑아 편 대항 게임으로 진행해도 좋다.

쉬어 가기

노인들이 가장 좋아하는 폭포는?

→ 나이야가라 폭포

가위바위보! 챔피언

진행 방법

① 진행자와 참가자 전체가 하는 게임이다.

② 참가자들은 모두 오른손을 높이 들어 진행자의 가위바위보 구령에 맞추어 진행자와 가위바위보를 한다.

③ 진행자가 낸 것에 진 사람은 팔을 내리고 이기거나 비긴 사람은 같은 방법으로 계속한다.

④ 최종 한 사람이 남을 때까지 계속하고, 최후의 승자에게는 준비된 선물을 준다.

유의 사항

진 사람이 게임에 계속 참여하지 못하게 이긴 사람과 진 사람을 분리해서 진행한다.

예 전체 앉아서 한 후 이긴 사람만 자리에서 일어나게 한다.
이긴 사람들 중에서 게임에 진 사람은 앉게 한다. 그럼 마지막까지 이긴 사람만 자리에 서 있게 된다.

응용 방법

반대로 계속 진 사람이 우승하는 게임도 색다르고 재미있다.

시계 게임

진행 방법

① 진행자는 다양한 사례를 설명하여 분위기를 조성한다.

예 "손에 차는 시계는? 손목시계, 벽에 거는 시계는? 벽시계, 책상 위에 놓는 시계는? 탁상시계, 세종대왕이 만든 시계는? 해시계, 큰 추가 달린 시계는? 괘종시계죠. 우리 모두 그 괘종시계가 되어 봅시다. 두 팔이 추가 되어 양팔을 흔들면서 똑~딱 똑~딱…"

② 진행자는 참가자가 자신과 함께 똑딱똑딱 소리를 내면서 두 팔을 움직이게 한다. 그 다음 진행자가 말하는 숫자(시간)만큼 박수를 치게 한다.

예 처음에는 쉬운 것부터 1시 '짝', 3시 '짝짝짝', 10시 '짝~~~짝(10번)' 1시 반 '?'(시간 반에는 한 번 울립니다). 13시 '짝~~~짝짝'(13시는 1시니까 한 번)

응용 방법

진행자가 손동작을 과장하여 참가자를 속여도 재미있다.

1. 대상별 게임
2) 6~7세를 위한 게임 ❹

동작 따라 하기

진행 방법

① 진행자는 자신의 엄지손가락이 하늘로 향하게 하고 참가자들을 따라 하게 한다.

② 진행자가 손가락을 위로 올리면서 큰 소리로 "위로!" 하면 참가자들도 "위로!"라는 말과 함께 동작을 따라 하고, 진행자가 "아래로!" 하면 참가자들도 "아래로!"라고 소리치며 따라 한다. 진행자가 "옆으로!" 또는 "이렇게!"라고 하면 참가자들도 따라 해야 한다.

③ 진행자는 처음에는 참가자들이 잘 따라 할 수 있도록 하고, 숙달되면 따라 하기 어렵게 하여 웃음을 유발한다.

응용 방법

엄지손가락 대신 과장된 몸동작을 따라 하게 해도 재미있다.

예 재미있는 춤, 각종 동물 흉내 등

사구동성

준비물 단어 카드

진행 방법

① 진행자는 유아들 중에 4명을 뽑는다.

② 참가자 4명에게 단어를 한 사람씩 보여주고 자기가 맡은 단어를 진행자 신호에 따라 동시에 말하게 한다.

③ 예를 들면 참가자들은 '할아버지' 란 단어를 보고 1번: '할', 2번: '아', 3번: '버', 4번: '지' 를 동시에 말한다.

④ 이 소리를 듣고 각 편이 '할아버지' 란 단어를 맞히게 되면 점수를 얻게 되는 것이다.

응용 방법

사자성어 등을 사용하고, 뜻풀이까지 맞히게 하면 교육 자료로 사용할 수 있다.

예 언중유골 : 말 속에 뼈가 있다.

엄지 씨름

진행 방법

① 파트너끼리 왼손으로 엄지손가락을 편 상태에서 손가락을 잡는다.
② 파트너끼리 자신의 엄지로 상대방의 엄지를 누른다.
③ 엄지를 먼저 누른 사람이 파트너의 손등을 때린다.
④ 엄지에 눌린 사람은 자신의 오른손 손바닥으로 왼손 손등을 막을 수 있다.

유의 사항

손가락을 과도하게 꺾지 않도록 주의를 시킨다.

응용 방법

손등을 때리는 대신 3판 2선제로 진행해도 좋다.

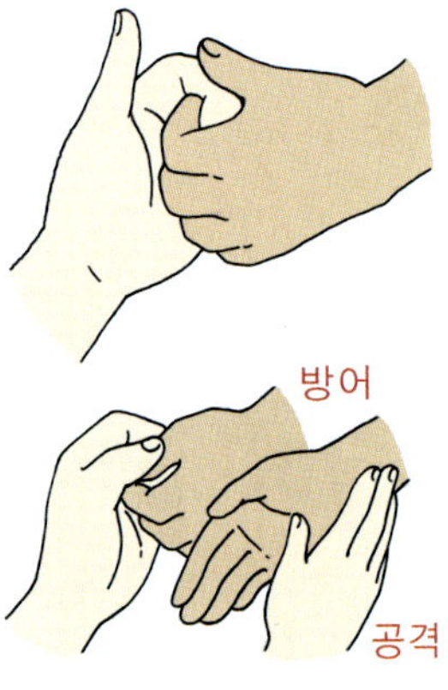

쉬어 가기

중학생과 고등학생이 타는 차는?
→ 중고차

바꿔! 바꿔! 귀·코

진행 방법

① 진행자는 오른손은 코를 잡고, 왼손은 귀를 잡는다.

② 참가자들도 진행자와 같이 오른손은 코를 잡고 왼손은 귀를 잡는다.

③ 진행자가 "바꿔!"라고 외치면 참가자들은 왼손은 코, 오른손은 귀를 잡는다.

④ 진행자는 이와 같은 방법으로 속도를 빠르게 하여 진행하면 된다.

응용 방법

코, 귀 대신 입술과 귀 등으로 신체 부위를 바꿔 가며 진행해도 좋다.

쉬어 가기

어른과 아이가 길을 가는데 아이는 그 어른을 아버지가 아니라고 하고 어른은 그 아이가 아들이라고 한다. 이 어른은 누구인가?

→ 어머니

1. 대상별 게임
2) 6~7세를 위한 게임 ❽

훌라후프 통과하기

준비물 훌라후프

진행 방법

① 각 조의 주장은 조원들 앞에 서서 조원 손을 잡고 가로대형으로 서게 한다.

② 진행자는 주장에게 훌라후프를 나누어 준다.

③ 훌라후프를 주장의 오른쪽 어깨에서 시작하여 조원들의 몸을 통과시키는 경기이다.

④ 이와 같은 방법으로 훌라후프를 빨리 통과시키는 조가 이긴다.

응용 방법

훌라후프 대신 적당한 길이의 로프를 묶어 이용하여도 좋다.

쉬어 가기

개구리가 낙지를 먹어 버리면 무엇이 될까?

→ 개구락지

1. 대상별 게임
2) 6~7세를 위한 게임 ❾

둘이서 한마음

진행 방법

① 2명씩 짝을 지어 어깨동무한다. 어깨동무하고 있는 손은 전혀 사용할 수 없다.

② 진행자는 “오른손 올리세요”, “왼손 올리세요” 등 기본 동작을 연습시킨다.

③ 두 명씩 어깨동무하고 박수 치기(1번, 2번, 3번)를 연습시킨다.

④ 두 명씩 어깨동무하고 검지끼리 마주치게 한다(검지끼리 멀리서부터 출발하여 끝을 마주치게 한다).

⑤ 하트 만들기 등 여러 가지 동작을 하게 해 본다.

응용 방법

어깨동무를 한 상태에서 손 유희 혹은 율동을 시켜 봐도 재미있다.

쉬어 가기

편식이 매우 심한 사람도 반드시 먹어야 하는 것은?

→ 나이

양파링 전달하기

준비물 나무젓가락, 양파링, 접시

진행 방법

① 진행자는 참가자들에게 나무젓가락과 양파링을 나누어 준다.
② 진행자의 신호에 따라 앞사람이 뒷사람에게 입에 문 나무젓가락을 이용하여 양파링을 빨리 전달한다.
③ 정해진 시간 안에 양파링을 떨어뜨리지 않고 접시에 많이 놓은 편이 승리한다.

유의 사항

젓가락이 입속 깊숙이 들어가지 않게 주의시킨다.

응용 방법

게임이 어려울 경우 나무젓가락을 손에 들고 해도 좋다.

쉬어 가기

돼지는 꼬리를 흔든다, 그 이유는?

→ 꼬리가 돼지를 흔들지 못하기 때문에

캥거루 풍선 릴레이

준비물 풍선

진행 방법

① 진행자는 참가자들에게 풍선을 나누어 주고 1열 가로대형으로 출발점에 서게 한다.

② 풍선을 불어 무릎과 무릎 사이에 끼우고 캥거루처럼 뛰어 반환점을 돌아서 오는 경기이다.

③ 가장 먼저 들어오는 편이 이긴다.

④ 풍선이 무릎에서 빠지면 빠진 시점에서 다시 풍선을 넣고 시작한다.

응용 방법

풍선 대신 다른 물건을 활용해도 좋다.

예 종이벽돌, 공 등

1. 대상별 게임
2) 6~7세를 위한 게임 ⑫

순서대로

진행 방법

① 진행자는 각 편에게 정해진 시간 내에 키가 작은 사람부터 차례로 한 줄로 서게 한다.

② 진행자가 각 편에게 "키 순서대로 세워 주세요."라고 지시하면, 주장은 참가자들을 키 순서대로 신속하게 세우고 편의 구호를 외치게 한다.

③ 정확하게 빨리 끝내는 편이 승리한다.

※ 순서대로 - 손 크기, 발 크기, 머리카락 길이 등

유의 사항

참가자들이 수치심을 느낄 수 있는 주제는 하지 않는다.

예 잘생긴 순서, 예쁜 순서, 뚱뚱한 순서 등

응용 방법

한 번 정도는 구호를 크게 외치는 편에게 점수를 주면 다른 편들도 목소리를 크게 낼 수 있다.

가마 릴레이

진행 방법

① 각 편의 참가자들을 3인 1조 가로대형으로 출발점에 서게 한다.

② 2명은 가마가 되고 1명은 가마를 탄다.

③ 진행자의 신호에 따라 3인 1조가 반환점을 빨리 돌아서 오게 한다.

④ 이와 같은 방법으로 마지막까지 게임을 진행하여 가장 먼저 들어오는 편이 이긴다.

유의 사항

① 과도한 경쟁은 피하게 한다.

② 연습을 한번 시키는 것도 좋다.

응용 방법

반환점에서 미션을 수행하게 해도 좋다.

예 풍선 터트리기, 과자 따먹기 등

1. 대상별 게임
3) 부모와 함께 하는 게임 ❷

한마음 줄넘기

준비물 줄넘기 줄

진행 방법

① 2인 1조씩 2열 종대형으로 서게 한다.

② 진행자의 신호에 따라 둘이 함께 줄넘기를 하면서 반환점을 돌아서 온다.

③ 이와 같은 방법으로 가장 먼저 들어오는 편이 이긴다.

유의 사항

정확하게 줄을 넘는지 확인한다.

응용 방법

반환점에서 미션을 수행하게 해도 좋다.

예 풍선 터트리기, 과자 따먹기 등

이마와 이마 사이

준비물 풍선

진행 방법

① 진행자는 2인 1조씩 2열 종대형으로 서게 하고 풍선을 1개씩 나누어 준다.

② 참가자는 서로 손을 잡고 풍선을 이마와 이마 사이에 놓이게 한다.

③ 진행자의 신호에 따라 이마로 풍선을 고정시켜 놓고 반환점을 돌아서 온다.

④ 도중에 풍선을 떨어뜨리면 다시 출발선에서 시작한다.

⑤ 이와 같은 방법으로 등과 등, 배와 배, 가슴과 가슴에 풍선을 끼고 반환점을 돌아 와도 된다.

유의 사항

등을 대고 할 때는 손을 잡지 않게 한다. 넘어지면 다칠 수 있다.

응용 방법

풍선 대신 각종 사물을 이용해도 좋다.

예 크기가 작은 공, 종이 등

1. 대상별 게임
3) 부모와 함께 하는 게임 ❹

자동차 안마 게임

진행 방법

① 옆(앞)사람 등을 살짝 꼬집으면서 시동을 건다(귀를 비틀어도 된다).

② 10km는 살살 손바닥으로 등을 두들긴다.

③ 30km는 조금 세게 등을 두들긴다.

④ 50km는 세게 등을 두들긴다.

⑤ 80km는 아주 세게 등을 두들긴다.

⑥ 진행자가 "장애물!"이라고 외치면 앞사람의 어깨를 2번 두드리면서 "빵빵" 소리를 내게 한다.

⑦ 중간중간 "좌회전(우회전)!" 하면 앞사람 어깨를 잡고 왼쪽(오른쪽)으로 움직인다.

⑧ 진행자가 "정지!"라고 외치면 앞사람 어깨를 잡고 뒤로 넘어진다.

⑨ 이와 같은 동작을 옆(앞)사람과 방향을 바꿔서 한 번 더 진행해 본다.

응용 방법

① 아이들이 부모에게 해 주는 것이 좋다.

② 재미있는 멘트를 섞어 주면 더 효과적이다.

예 가족 여행 가는 상황을 설정해도 좋다.

시동 걸기

정지

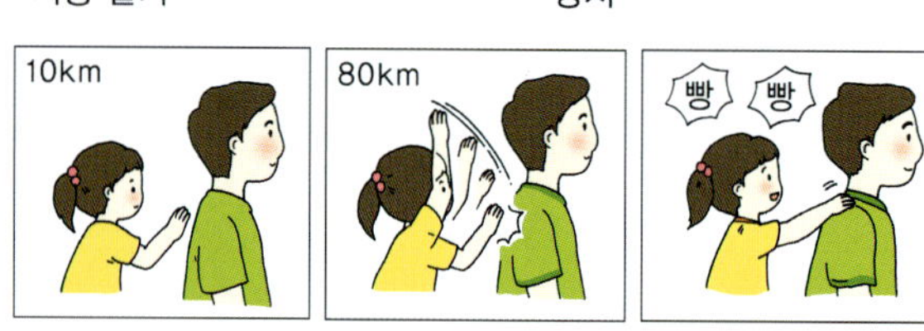

1. 대상별 게임
3) 부모와 함께 하는 게임 ❺

칭찬하기

진행 방법

① 가족끼리 왼손으로 악수를 하게 한다.

② 왼손으로 악수를 한 다음 상대방을 무조건 칭찬한다.

③ 상대방의 칭찬이 멈출 때마다 상대방의 손등을 때린다.

④ 진행자는 일정한 시간을 정해 놓고 진행한다.

유의 사항

너무 아프게 때리지 않게 주의시킨다.

응용 방법

스톱워치를 이용해 30초 안에 더 많이 칭찬하기를 진행해도 좋다.

쉬어 가기

아무리 빨리 달려도 한 번도 앞서지 못하는 것은?

→ 뒷바퀴

인간 경운기

준비물 반환점

진행 방법

① 각 편의 참가자는 2인 1조씩 2열 가로대형으로 출발점에 서게 한다.

② 2명 중 한 사람은 엎드리고, 다른 한 사람은 엎드린 사람의 발목을 잡고 반환점을 돌아서 오는 경기이다.

③ 힘들 때는 교대로 번갈아 발목을 잡고 반환점을 돌아서 올 수 있다.

④ 이와 같은 방법으로 마지막까지 경기하여 먼저 들어오는 편이 이기는 경기이다.

유의 사항

반환점은 참가자들의 상황에 따라 거리 조정을 한다.

응용 방법

3인 1조로 진행하여도 좋으며 2명이 엎드린 사람의 다리를 한쪽씩 잡고 진행해도 무방하다.

1. 대상별 게임
3) 부모와 함께 하는 게임 ❼

집어! 놔!

준비물 소지품

진행 방법

① 진행자는 손수건이나 다른 조그마한 물건 1개를 준비하여 두 사람 사이에 놓고 양손은 서로 가슴 앞에서 붙이도록 한다.

② 모든 준비가 되었으면 진행자는 "집어!" 또는 "놔!"라는 명령을 크게 외친다. 진행자가 "집어!"라고 명령하면 참가자는 앞에 놓인 소지품을 빨리 집어야 한다.

③ 이와 같은 방법으로 2~3회 정도 실시하다가, 반대로 "집어!" 하면 놓아야 되고 "놔!" 하면 집어야 한다. 이러한 방법으로 3회를 진행하여 많이 이긴 사람이 승리하는 게임이다.

응용 방법

① 조금 멀리 떨어져서 달려와 잡는 것도 좋다.

② 토너먼트 식으로 진행하여 왕 중 왕을 뽑아도 좋다.

전자 손뼉

진행 방법

① 짝과 마주 본 후, 두 사람 중 1명은 양손을 옆으로 벌리고 있고, 나머지 1명은 양손을 위에서 아래로 벌리고 있다가 진행자가 "하나, 둘, 셋!" 하면 셋과 동시에 서로 손뼉을 친다.

② 이때 먼저 손뼉을 친 사람이 이기게 된다. 이 게임은 3전 2선승제로 하여 2회를 먼저 이긴 사람이 승자가 된다. 이때 리더는 "하나, 둘, 셋!" 할 수도 있고 갑자기 "셋!" 하고 구령을 붙여도 된다.

응용 방법

3판 중 각 판마다 벌칙을 정하여 진행하면 참가자들의 호응을 더 이끌어 낼 수 있다.

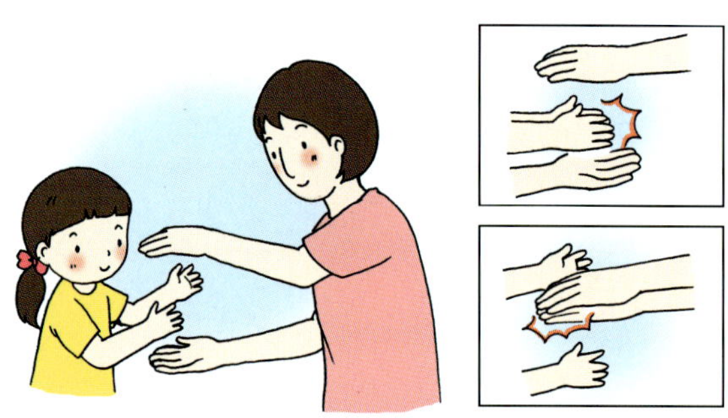

쉬어 가기

법이 없어도 살 수 있는 사람은 착한 사람이다. 그러면 법이 없어야 살 수 있는 사람은?

→ 사형수

위로! 아래로!

진행 방법

① 두 사람을 A와 B라 정하고, A와 B는 마주 보고 앉아서 주먹을 쥔다. 먼저 A가 오른손 주먹을 내밀면 B는 자신의 오른손 주먹을 A의 오른손 위에 올린다. 다시 그 위에 A의 왼손 주먹을 올리고 그 위에 B의 왼손 주먹을 올린다.

② 진행자가 "위로!" 하면 A와 B 손 중에서 맨 밑에 있는 주먹을 맨 위로 올린다. 반대로 진행자가 "아래로!" 하면 맨 위에 있는 주먹을 맨 밑으로 붙인다. 또 진행자가 "솥뚜껑!" 하면 A와 B 중 맨 밑에 있는 손이 맨 위에 있는 상대방 손을 덮는다. 이때 맨 위의 손은 피할 수 있다. 먼저 덮거나 피하는 사람이 승리한다.

③ 처음에는 천천히 하다가 점점 빠르게 진행한다.

응용 방법

3판 2선승제를 적용해도 좋다.

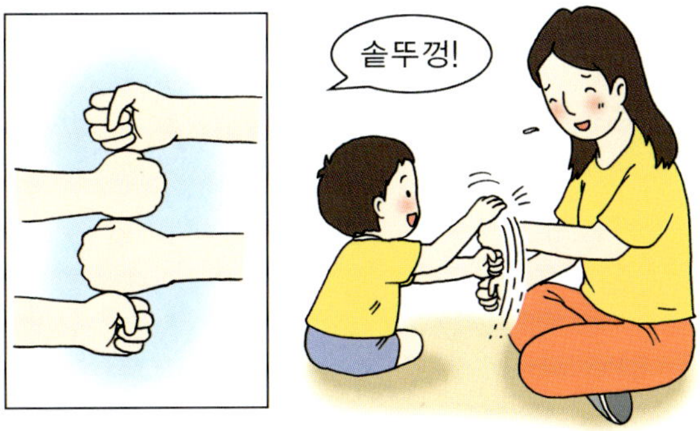

테이프 떼기

준비물 테이프

진행 방법

① 각 편에서 두 사람씩 나온다. 한 사람의 얼굴에 테이프를 붙이고, 나머지 한 사람이 그 테이프를 입으로 불어서 떼는 게임으로, 빨리 떼는 편이 이긴다.

② 이 게임은 개인전으로 진행할 수 있다(테이프를 얼굴에 살짝 붙인 다음 손을 사용하지 않고 얼굴 근육을 움직여 떼는 게임).

응용 방법

테이프 대신 포스트잇을 사용해도 좋다.

쉬어 가기

고기를 먹을 때마다 쫓아다니는 개는?

→ 이쑤시개

타잔과 제인

진행 방법

① 두 명이 짝을 이루어 서로 마주 보고 가위바위보로 '타잔' 과 '제인' 을 정한다.

② 서로 왼손을 잡은 상태에서 "타잔!"이라는 구령이 나오면 타잔이 제인의 손등을 때리고 "제인!"이라는 말이 나오면 제인이 타잔의 손등을 때린다.

③ 타잔과 제인이 살았습니다. 그런데 타잔과 제인은 크게 싸우다가 타잔이 집을 나가 버렸습니다. 제인은 타잔을 찾으러 밀림으로 들어가 타잔을 찾으면서~ 쉬지 않고 타잔을 불렀습니다. (예쁜 목소리로) 타잔! 어디에 있어요? 제인은 높은 산으로 올라가 타잔을 불렀지요. 타잔~! 그때 봉우리에서 타잔~! 타잔~! 메아리가 쳤습니다. 타잔은 그 소리를 듣고 제인을 찾아와 화해를 하게 되었습니다 그때~

④ "그 다음은 여러분들이 재미있게 만들어 보세요."라는 멘트로 파트너끼리 게임을 진행해 나가도록 한다.

유의 사항

이야기는 허구로 진행해도 된다.

응용 방법

'타잔과 제인' 대신 '토끼와 거북이' 로 바꾸어 진행해도 좋다.

2. 장소별 게임

1) 실내 게임

❶ 상자 쌓기
❷ 인간 기차
❸ 조심조심
❹ 디스코 릴레이
❺ 공 전달 게임
❻ 만리장성
❼ 아빠 옷 입기 릴레이
❽ 쌍쌍 릴레이
❾ 모델 만들기
❿ 자리 옮기기
⓫ 림보 게임
⓬ 징검다리 건너기
⓭ 당신은 당신의 이웃을 사랑하세요?
⓮ 손님 모셔 오기
⓯ 자리 뺏기
⓰ 동물 잔치
⓱ 피해라, 테니스공
⓲ 누가 소지품을 빨리 잡나?
⓳ 가위바위보 릴레이
⓴ 인간 윷놀이
㉑ 신문지 릴레이
㉒ 부채로 풍선 몰기
㉓ 신문지 반환점 돌기

2) 실외 게임

❶ 동물나라 달리기
❷ 저울 숏!
❸ 짚신(고무신) 멀리 차기
❹ 대형 공 나르기
❺ 가마 릴레이
❻ 즐거운 쇼핑
❼ 6인 7각
❽ 너의 다리가 되어(놋다리밟기)
❾ 파워풀 릴레이
❿ 풍선 기둥 세우기
⓫ 시너지 파워
⓬ 대형 공 굴리기
⓭ 칙칙폭폭 릴레이
⓮ 지그재그 릴레이
⓯ 놀부 심보
⓰ 오리발 릴레이
⓱ 고구마 릴레이
⓲ 훌라후프 왕 뽑기
⓳ 풍선 밟기
⓴ 협동 제기차기
㉑ 고깔모자 릴레이
㉒ 물풍선 투포환
㉓ 튜브 전달하기
㉔ 날아라 슈퍼맨
㉕ 달려라 특급열차
㉖ 훌라후프 릴레이
㉗ 물컵 릴레이
㉘ 우리는 한 몸

2. 장소별 게임
1) 실내 게임 ❶

상자 쌓기

준비물 편별 상장 10개

진행 방법

① 이 게임은 실내에서 진행하는 것이 적합하다.
② "시작!" 신호와 함께 참가자들은 사전에 펼쳐 놓은 10개의 대형 종이상자를 조립하여 4층 높이의 탑을 쌓는다. 가장 위에 올려놓을 상자는 참가자들끼리 무동을 태워서 올려놓는 협동심도 발휘해야 한다.
③ 시작하기 전에 참가자 대표에게 완성 후 보여질 문구가 적힌 설계도를 보여 주고 시작한다.
④ 가장 먼저 설계도와 같은 모양의 탑을 완성하는 편이 승리하게 된다.

유의 사항

상자는 같은 크기로 준비한다.

2. 장소별 게임
1) 실내 게임 ❷

인간 기차

진행 방법

① 각 편의 선수 10명은 1열 종대로 서서 허리를 숙이고 다리 사이를 넓힌 후, 다리 사이로 손과 손을 잡아 한 줄 기차로 연결한다.

② "시작!" 신호와 함께 반환점을 돌아서 오는 게임으로, 맨 앞의 참가자가 너무 빨리 가면 뒤의 참가자가 따라가지 못하거나 줄의 연결이 끊어지고 만다.

③ 여러 편이 동시에 시작하면 연결이 끊어질 때 판정이 어려우므로 한 편씩 실시하여 기록을 측정한 뒤 최종 판정한다.

④ 경기 도중 연결이 끊어지면 바로 실격 처리하지 말고 한 번 끊어질 때 5초 초과, 두 번 끊어지면 10초 초과로 계산하고 세 번 이상 끊어지면 실격 처리한다.

유의 사항

너무 빨리 뛰어 넘어지는 일이 없도록 주의한다.

응용 방법

앞사람의 허리를 잡아도 좋다.

2. 장소별 게임
1) 실내 게임 ❸

조심조심

준비물 공, 지팡이, 둥근 고리

진행 방법

① 머리에는 둥근 고리를 올려놓고 오른손에는 지팡이를 들고 양쪽 무릎 사이에는 공을 끼운 상태로 반환점을 돌아서 오는 릴레이 경기이다.
② 머리에는 둥근 고리가 있어서 떨어지지 않도록 신경 써야 하고 안쪽 무릎 사이에는 공이 끼워져 있어서 아래로 흘러내리지 않도록 신경 써야 한다.
③ 고리가 떨어지거나 공이 무릎에서 빠지면 그 자리에서 다시 시작한다.

응용 방법

세 가지를 한 번에 하기 어려우면 두 가지 또는 한 가지만 진행해도 된다.

쉬어 가기

할아버지가 제일 좋아하는 돈은?
→ 할머니

2. 장소별 게임
1) 실내 게임 ❹

디스코 릴레이

준비물 음악

진행 방법

① 출발선에서 출발하여 뛰어가는 도중에 갑자기 디스코 음악이 나오면 그 자리에 멈춰 서서 음악이 끝날 때 까지 춤을 춰야 한다.

② 춤을 추면서 앞으로 조금씩 이동하는 것은 반칙이다. 언제 음악이 끝날지 모르기 때문에 긴장감 속에서 춤을 추게 되어 있다.

③ 음악은 출발선에서 출발하여 반환점을 돌아 올 때까지 2번 정도가 적당하다. 릴레이도 괜찮지만 개인전도 재미있다.

유의 사항

춤을 재미있게 추는 사람에게 보너스 점수를 줘도 좋다.

쉬어 가기

보내기 싫을 때 내는 것은?

→ 가위나 바위

2. 장소별 게임
1) 실내 게임 ❺

공 전달 게임

준비물 각종 공

진행 방법

① 각 편 참가자들은 1열 종대로 앞을 보고 선다.

② 출발 신호와 함께 공을 뒤로 보냈다가 다시 앞으로 전달하는 게임이다.

③ 공을 뒤로 보낼 때는 참가자들 머리 위로 보내고 다시 뒤에서 앞으로 전달할 때는 다리 사이로 보낸다.

④ 공을 하나만 가지고 전달하는 것보다 축구공, 배구공, 럭비공, 농구공, 비치볼 등 여러 가지 공을 다양하게 이용하는 것이 흥미롭다.

응용 방법

공을 전달할 때 "오른쪽!", "왼쪽!", "머리 위로!", "다리 사이로!" 등 다양한 신체 표현을 이용해도 좋다.

공 대신 풍선을 이용해도 좋다.

2. 장소별 게임 1) 실내 게임 ❻

만리장성

준비물

소지품

진행 방법

① “시작!” 신호와 함께 편 전체 인원이 자기가 소지하고 있는 옷이나 벨트 같은 물건들을 잇는다. 지정된 시간 동안 편 전체가 협력하여 소지품을 가장 길게 잇는 게임이다.

② 진행자가 끝 부분을 잡아당겨서 끊어지면 끊어진 거리까지만 인정하고 가장 길게 연결한 편이 승리하게 된다.

응용 방법

게임이 끝난 후 연결 게임으로 ‘모든 소지품 원위치’ 하기를 하면 정리 시간을 줄일 수 있고 재미도 있다.

쉬어 가기

물에서 태어났지만 물에 들어가면 죽는 것은?

→ 소금

2. 장소별 게임 1) 실내 게임 ⑦

아빠 옷 입기 릴레이

준비물 단추가 많은 아빠 옷

진행 방법

① 두 편으로 나누어 진행자의 신호와 함께 제일 앞에 선 사람부터 미리 준비한 아빠 옷을 입고 단추를 채운다.

② 진행자의 확인과 함께 다시 벗은 후 다른 사람에게 전달한다.

③ 이와 같은 요령으로 가장 끝에 있는 사람까지 먼저 도달한 편이 이기게 되는 게임이다.

유의 사항

① 단추 수는 적당한 것이 좋다.

② 같은 편 참가자가 도와줘도 좋다.

쉬어 가기

'소가 웃는 소리'를 세 글자로 말하면?

→ 우하하

2. 장소별 게임 1) 실내 게임 ❽

쌍쌍 릴레이

준비물 자루, 반환점

진행 방법

① 대형 자루 속에 친구 둘이 함께 들어가 어깨동무를 한 상태에서 자루를 잡고 통통 뛰어 반환점을 돌아서 오는 릴레이 경기다.

② 발이 가지런히 모아진 상태에서 경기장에 장애물이 있으면 넘어질 우려가 있으므로 장애물을 치워 놓아야 한다.

응용 방법

자루는 1인용, 2인용, 3인용 얼마든지 크기를 조절하여 참가자 상황에 맞게 적용해도 재미있다.

쉬어 가기

'허수아비 아들'의 이름은?

→ 허수

2. 장소별 게임
1) 실내 게임 ❾

모델 만들기

준비물 신문지, 색종이, 가위, 풀, 사인펜

진행 방법

① 전체 참가자를 여러 편으로 나눌 수 있으며, 각 편별로 1명의 모델을 정한다.

② 진행자는 각 편에게 똑같이 신문지, 색종이, 가위, 풀, 사인펜 등을 나누어 준다.

③ "시작!" 신호가 떨어지면 각 편은 자기 편 모델에 맞는 옷을 만들기 시작한다.

④ 약 5~10분 정도 시간을 주고 어느 편이 가장 훌륭한 의상을 만드는지 평가한다.

응용 방법

① 모델은 남자 1명, 여자 1명으로 해서 진행해도 좋다.

② 각 편의 모델들로 패션쇼를 진행해도 재미있다.

2. 장소별 게임
1) 실내 게임 ⑩

자리 옮기기

준비물 의자

진행 방법

① 참가자 전원이 원을 만들며 의자에 앉는다.

② 진행자가 일부 참가자의 특징을 말하면 그 특징에 속하는 참가자는 다른 사람과 자리를 바꾸어야 한다. 예를 들어 '파마한 사람', '목걸이 한 사람', '치마 입은 사람' 등을 외치면 해당되는 사람들은 꼭 다른 자리에 가서 앉아야 한다.

③ 진행자는 조건에 해당되는 사람들이 자리를 옮길 때 아무 자리나 먼저 앉는다. 결국, 진행자가 자리를 차지하여 1명의 참가자가 자리에 앉지 못하게 됨으로 자리에 앉지 못한 사람이 술래가 되어 위와 같은 방식으로 게임을 계속한다.

응용 방법

① 술래에게 벌칙을 줘도 재미있다.

② 의자 대신 방석을 활용해도 좋다.

림보 게임

준비물 림보대

진행 방법

① 일정한 높이의 장애물을 몸이 닿지 않고 밑으로 통과하는 경기이다.

② 허리의 유연성이 좋아야 할 수 있는 게임이므로 각 편에서 몸이 유연한 대표들을 선발한다.

③ 무릎을 굽히거나 고개를 옆으로 돌리는 행위는 물론, 장애물 통과 후 넘어지는 것도 실격 처리된다.

④ 처음 시작은 난이도를 쉽게 하고 1m, 80cm, 60cm로 점차 높이를 낮추어 최고의 우승자를 선발한다.

응용 방법

체육대회 시 부모 중 1명과 자녀가 함께 하는 경기로 활용해도 좋다.

예 부모 중 1명이 자녀를 안고 통과하기

2. 장소별 게임 1) 실내 게임 ⑫

징검다리 건너기

준비물 인원수만큼의 의자

진행 방법

① 각 편별로 반환점을 향하여 2열로 선다(징검다리를 나르는 조 : A, 징검다리를 건너는 조 : B).

② "시작!" 신호와 함께 A조가 의자를 나르고, B조가 그 위를 건너가면 다시 A조는 지나간 의자를 앞으로 옮겨 놓아 계속해서 전진할 수 있도록 징검다리를 만들어 준다. 먼저 반환점을 돌아서 오는 편이 승리한다.

③ 2인 1조가 되어 진행해도 무방하나 가급적 징검다리를 나르는 조가 많아야 경기가 지연되지 않고 원활하게 진행될 수 있다.

유의 사항

너무 빨리 진행하면 의자에서 떨어져 다칠 수 있으므로 여유를 가지고 진행한다.

응용 방법

너무 높은 의자보다는 낮은 의자가 좋고, 의자 대신 방석 또는 종이판을 활용해도 좋다.

2. 장소별 게임
1) 실내 게임 ⑬

당신은 당신의 이웃을 사랑하세요?

준비물 의자

진행 방법

① 진행자는 참가자들을 원형으로 좌석에 앉게 하고 술래 한 명을 지명한다. 술래가 참가자 중 아무나 한 사람 앞으로 다가가서 "당신은 당신의 이웃을 사랑하세요?" 했을 때 "예" 하면 다른 사람에게 가서 또다시 질문하고, "아니오" 했을 때는 "그럼 누구를 사랑하세요?" 하면 질문 받은 사람은 "(   )와 (   )" 하며 두 명의 이름을 크게 호명한다.

② 호명한 사람과 호명을 당한 사람, 호명을 당한 양옆 사람은 모두 일어나 재빨리 자리를 바꾸어 앉아야 하고 이때 술래는 호명한 사람의 의자에 앉는다.

응용 방법

특정 인물을 지칭하지 않고 참가자들의 특징을 말해도 좋다.

예 - 당신은 당신의 이웃을 사랑하세요?
- 아니오.
- 그럼 누구를 사랑하세요?
- 저는 바지 입은 사람을 사랑합니다.

이때, 바지 입은 사람들끼리 자리를 바꾸면 된다.

2. 장소별 게임
1) 실내 게임 ⑭

손님 모셔 오기

준비물 의자, 초시계

진행 방법

① 참가자들은 원형으로 자리에 앉는다.

② 진행자는 참가자들이 앉는 자리에서 빈 의자를 하나 만든다.

③ "시작!" 신호와 함께 빈자리 양옆에 있는 사람은 서로 손을 잡고 다른 참가자 중 아무나 1명을 데리고 와 자기 옆 빈자리에 앉힌다.

④ 그러면 다시 빈자리가 생기게 되고 그 빈자리 양옆의 두 사람은 다시 서로 손을 잡고 다른 사람을 데려와 앉힌다.

⑤ 같은 방법으로 진행하다가 정해진 시간(30초~1분)이 되면 진행자는 "스톱!"을 외치고 이때 이동하던 참가자들은 벌칙을 받게 된다.

유의 사항

자리에 확실히 앉은 후 빈자리 양옆 사람들을 출발시킨다.

응용 방법

초시계 대신 다 같이 합창을 해도 좋다.

2. 장소별 게임
1) 실내 게임 ⑮

자리 뺏기

준비물 의자

진행 방법

① 이 게임은 의자 뺏기 게임과 유사하며 진행자가 직접 참가자와 함께 하는 게임이다.

② 최소 10명에서 최대 50명까지도 가능하다. 참가자 전원은 준비된 의자에 앉아서 진행자와 같이 노래를 부른다.

③ 진행자가 손으로 참가자를 지적하면 자리에서 일어나 진행자를 따라 다닌다. 이때 5명이나 그 이상을 지적하는 것이 좋다.

④ 진행자는 빈자리에 먼저 앉으면서 "스톱!" 하고 외친다. 그러면 지적받은 대상들은 빨리 빈자리를 찾아 앉아야 한다.

⑤ 자리에 앉지 못한 사람은 술래가 되어 게임을 계속 진행한다.

2. 장소별 게임
1) 실내 게임 ⑯

동물 잔치

준비물 인원수만큼의 동물 이름을 적은 종이

진행 방법

① 진행자는 사자, 돼지, 강아지 등의 동물 이름을 적은 종이를 참가자 전원에게 한 장씩 나누어 준다.

② 진행자의 신호에 따라 종이에 적혀 있는 동물의 소리를 내어 같은 동물끼리 모이도록 한다.

③ 소리를 알 수 없는 동물은 그 동물의 생김새를 흉내 내며 편을 이루도록 하는 것도 효과적이다.

④ 이 게임은 다른 게임에 앞서 편을 나눌 때 매우 좋다.

쉬어 가기

먹으면 죽는데 안 먹을 수 없는 것은?

→ 나이

피해라, 테니스공

준비물 나일론 끈, 테니스공

진행 방법

① 참가자 전원은 둥글게 손을 잡고 선다.

② 진행자는 원 중앙에 서서 나일론 끈에 테니스공을 달아 원 중심에서 돌린다.
   이때 발에 걸린 사람은 실격되며 가장 오래 남아 있는 참가자가 승자가 된다.

③ 원의 크기를 조금씩 줄여 가며 진행한다.

유의 사항

너무 빨리 돌리면 아이들이 넘어질 수 있으므로 주의한다.

쉬어 가기

균들 중 가장 계급이 높은 균은?

→ 대장균

2. 장소별 게임
1) 실내 게임 ⑱

누가 소지품을 빨리 잡나?

준비물 소지품

진행 방법

① 참가자 전원이 둥글게 손을 잡고 선다. 모든 참가자가 손으로 잡을 수 있는 물건을 한 개씩 원 중심에 놓는다. 이때 진행자는 물건 중 한 개를 빼 놓는다.

② 전원이 노래 부르며 손을 잡고 돌다가 진행자의 "스톱!" 하는 신호에 따라 원 안의 물건을 한 개씩 집어서 원래 위치로 돌아온다.

③ 물건을 잡지 못한 사람은 벌칙을 받게 되며 진행자는 계속해서 물건을 2개, 3개, 4개로 점차적으로 빼면서 경기를 진행한다.

유의 사항

경쟁이 심할 수 있으므로 안전에 주의한다.

가위바위보 릴레이

준비물 반환점, 바통

진행 방법

① 편별로 대표를 한 명씩 선출하여 상대편 반환점 앞에 서 있게 한다.

② 다른 참가자들은 차례로 반환점까지 뛰어가 상대편 대표 선수와 가위바위보를 해서 이기면 자기 편으로 되돌아와 다른 참가자와 교대하고, 지면 자기 편으로 되돌아온 후 다시 반환점까지 뛰어가 이길 때까지 반복한다.

③ 먼저 10명의 참가자가 상대편 대표 선수와 가위바위보를 해서 모두 이기고 돌아오는 편이 승리한다.

④ 마지막까지도 승부를 예측하기 힘든 재미있는 게임이다. 소요 시간은 평균 10분 정도이다.

응용 방법

가위바위보에 진 사람은 상대편에게 뿅망치로 머리를 맞는 벌칙을 첨가해도 좋다.

2. 장소별 게임
1) 실내 게임 ⑳

인간 윷놀이

준비물 윷판, 매트리스

진행 방법

① 진행자는 각 편의 대표를 뽑는다.

② 참가자들은 윷 던질 순서를 정한다.

③ 각 편에서 4명씩 나와 윷이 되어 진행자의 신호에 따라 바닥에 엎드리거나 위를 보고 눕는다.

④ 던져진 윷의 모양에 따라 도, 개, 걸, 윷, 모로 말을 이동시킨다.

⑤ 윷으로 정해진 참가자는 서로 의논 없이 마음대로 엎드리거나 누워야 한다.

유의 사항

윷으로 정해진 참가자들이 서로 부딪히지 않도록 주의시킨다.

쉬어 가기

두 밥을 합치면 80가지 밥이 되는 것은?

→ 쉰밥과 서른(설은) 밥

신문지 릴레이

준비물 신문지, 반환점

진행 방법

① 각 편 참가자들은 1열 가로대형으로 출발선에 선다.

② 진행자의 신호에 따라 신문지를 배에 대고 반환점을 돌아서 오는 경기이다.

③ 신문지를 배에 대고 뛰다가 떨어뜨리면 떨어진 지점에서 다시 시작한다.

④ 이와 같은 방법으로 끝까지 경기하여 가장 먼저 들어오는 편이 이긴다.

응용 방법

① 신문지 대신 책이나 공을 이용해도 좋다.

② 신문지를 배에 대지 말고 머리나 신체 부위를 이용해도 좋다.

쉬어 가기

어른은 못 타지만 어른이 있어야 움직이는 차는?

→ 유모차

2. 장소별 게임 1) 실내 게임 ㉒

부채로 풍선 몰기

준비물 바람 넣은 풍선, 부채

진행 방법

① 각 편의 참가자들에게 부채와 풍선을 나누어 주고 1열 가로대형으로 출발점에 서게 한다.

② 진행자의 신호에 따라 부채로 바람을 일으켜 풍선을 몰면서 반환점을 돌아서 오게 한다.

③ 가장 먼저 들어오는 편이 이긴다.

응용 방법

① 참가자 전체가 한꺼번에 해도 재미있다.

② 2~3인씩 짝을 지어 부채 대신 입으로 바람을 불어 반환점을 돌아 와도 좋다.

쉬어 가기

배울 것을 다 배웠는데도 여전히 배우라는 소리를 듣는 사람은?

→ 배우

2. 장소별 게임
1) 실내 게임 ㉓

신문지 반환점 돌기

준비물 신문지, 풍선, 반환점

진행 방법

① 각 편에게 신문지와 풍선을 나누어 준다.

② 각 편은 2인 1조가 되어 신문지 위에 풍선을 올려놓는다.

③ 신속하게 반환점을 돌아서 온다.

④ 게임 도중 신문지가 찢어지거나 풍선이 떨어지면 출발점으로 들어가 다시 시작한다.

유의 사항

바람이 안 부는 실내에서 진행하는 것이 좋다.

쉬어 가기

'바느질하기 위해 실을 찾는 남자'를 다섯 글자로 줄이면?

→ 실없는 남자

2. 장소별 게임 2) 실외 게임 ❶

동물나라 달리기

준비물 동물 캐릭터 옷

진행 방법

① 첫 번째 참가자가 동물 캐릭터 옷을 입고 반환점까지 뛰어가서 동물 캐릭터 옷을 벗고 되돌아오면 다음 참가자는 반환점에 가서 첫 번째 참가자가 벗어 놓은 동물 캐릭터 옷을 입고 되돌아와 세 번째 참가자에게 넘겨준다.

② 이런 방법으로 10명의 참가자가 먼저 반환점을 돌아서 오면 승리하게 된다.

응용 방법

다양한 동물 캐릭터 옷을 준비하는 것이 좋고 동물 흉내를 내며 반환점 돌아서 오는 것도 재미있다.

쉬어 가기

길에서 죽은 사람은?

→ 도사

2. 장소별 게임
2) 실외 게임 ❷

저울 숏!

준비물 콩주머니, 양팔저울

진행 방법

① "시작!" 신호와 함께 각 편의 참가자들은 운동장에 널려 있는 콩주머니를 주워 양팔저울에 달려 있는 바구니 속에 던져 넣는다. 일정 시간이 지나 콩주머니가 많이 들어 있는 바구니 쪽으로 기울게 되면 경기는 종료된다.

② 콩주머니 대신 예쁜 공으로 대체해도 좋지만, 공은 가벼워 저울이 기울어지지 않을 수 있으므로 각 편의 바구니에 담겨 있는 공의 숫자를 세어 승부를 가린다.

응용 방법

양팔저울이 없을 경우 바구니를 높게 달거나 성인의 머리 위에 올려놓고 진행해도 좋다.

짚신(고무신) 멀리 차기

준비물 짚신이나 고무신

진행 방법

① 참가자들은 출발선에서 운동화 대신 짚신이나 고무신을 발에 살짝 걸치고 있다가 "시작!" 신호와 함께 힘차게 찬다. 각 편별 참가자가 동시에 차면 어느 편 참가자의 짚신(고무신)이 어디로 갔는지 구분하기 어려우므로 한 편씩 실시한다.

② 일정 거리를 사전에 표시하여 기록 측정에 어려움이 없도록 한다.

쉬어 가기

문제투성이인 것은?

→ 시험지

2. 장소별 게임
2) 실외 게임 ❹

대형 공 나르기

준비물 대형 애드벌룬 공, 원형 천, 반환점

진행 방법

① 10인 1조가 되어 애드벌룬 공을 원형 천 위에 놓고 함께 잡는다.

② "시작!" 신호와 함께 반환점을 돌고 와서 다음 조에게 넘겨준다.

③ 같은 편의 모든 조가 먼저 돌아서 오는 편이 승리한다.

응용 방법

대형 애드벌룬 공 대신 큰 인형을 사용할 수도 있다.

쉬어 가기

'개가 사람을 가르친다'를 네 글자로 줄이면?

→ 개인지도

가마 릴레이

준비물 과자, 장대, 집게

진행 방법

① 두 명의 참가자가 손으로 가마를 만들어 한 명의 참가자를 태운다.

② "출발!" 신호와 함께 반환점에 가서 장대에 매달린 과자를 가마에 탄 참가자가 입으로 따먹고 돌아온 뒤 다음 편이 출발한다.

쉬어 가기

'아홉 명의 아이들'을 세 글자로 줄이면?

→ 아이구

2. 장소별 게임 2) 실외 게임 ❻

즐거운 쇼핑

준비물 쇼핑 카트, 상품 6가지, 테이블

진행 방법

① 각 편 참가자는 5명이 1조가 되어 조장을 쇼핑 카트에 태운다.

② 조원들이 쇼핑 카트를 손으로 함께 밀고 반환점까지 가면 쇼핑 카트에 탄 조장이 테이블에 놓인 상품을 정해진 순서에 따라 1개만 가지고 돌아온 뒤 다음 조와 교대한다.

유의 사항

너무 빨리 달려 넘어지는 일이 없도록 주의시킨다.

쉬어 가기

'주먹으로 이기려는 사람'을 이길 수 있는 것은?

→ 보

2. 장소별 게임 2) 실외 게임 ❼

6인 7각

준비물 우레탄으로 된 기구

진행 방법

① 구멍이 6개 뚫린 고무판에 6명의 참가자가 한 조가 되어 발을 끼고 함께 호흡을 맞춰 반환점을 돌아서 오는 게임이다.

② 참가자들은 구령을 외치며 몸과 마음을 맞추어야 한다.

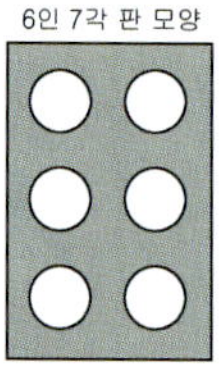

쉬어 가기

실패하면 살고 성공하면 죽는 것은?

→ 자살

2. 장소별 게임
2) 실외 게임 ❽

너의 다리가 되어(놋다리밟기)

준비물 반환점

진행 방법

① 우리나라 고유 민속놀이인 놋다리밟기와 유사하다.

② 참가자 중 대표(약 10명)를 선발하여 반환점을 돌아서 오는 경기로, 참가자들은 1열로 엎드려 자신의 몸으로 다리를 만들고 대표들은 자기 편 참가자들의 등을 밟고 지나간다.

③ 각 편 대표들이 참가자들의 등을 밟고 지나갈 때 참가자들은 2명씩 자기 편 대표의 양손을 잡아 등에서 떨어지지 않도록 한다.

④ 각 편 대표들이 모두 반환점을 돌아 출발선까지 도착한 편이 승리하게 된다.

쉬어 가기

'조금 전에 울다가 그친 사람' 은?

→ 아까운 사람

2. 장소별 게임
2) 실외 게임 ❾

파워풀 릴레이

준비물 반환점

진행 방법

① 각 편 참가자들은 반환점을 향해 1열로 선다.

② 진행자의 "출발!" 신호와 함께 각 편의 첫 번째 참가자가 뛰어가 반환점을 돌아 와서, 대기 중인 참가자들 뒤를 돌아 다음 사람과 손을 잡고 다시 반환점을 돌아서 온다.

③ 1번이 반환점을 돌아서 오면 2번과 같이 다시 한 번 반환점을 돌아서 오고 다시 1, 2, 3번이 같이 반환점을 돌아서 오는 방법으로 4~10번까지 모두 손을 잡고 돌아서 온다.

④ 가장 빨리 전원이 반환점을 돌아서 오는 편이 승리하게 된다.

⑤ 연결한 손이 끊어지면 실격이다.

유의 사항

상황에 맞게 인원을 조절하며 진행한다.

응용 방법

대형 훌라후프를 이용해 훌라후프를 잡고 뛰게 하는 것도 좋다.

쉬어 가기

위에서 아래로 자라는 것은 고드름이다. 제멋대로 자라는 것은?

→ 여드름

풍선 기둥 세우기

준비물 비닐, 풍선

진행 방법

① 참가자 전원에게 편별 색깔이 다른 풍선을 1인당 2개 정도씩 나누어 준다.

② 각 편별로 10~30명의 대표 참가자를 선발한다. 선발된 참가자는 참가자들이 불어 주는 풍선을 받아 대형 투명 비닐에 빠르게 담는 역할을 한다.

③ "시작!" 신호와 함께 참가자들은 풍선을 불어 운동장으로 보내고 대표 참가자들은 풍선을 제한된 시간에 빨리 담아 멋진 모양으로 풍선 기둥(높이 5m, 지름 1.8m)을 만든다.

응용 방법

투명비닐에 미리 편 구호 등을 적어 두면 풍선 기둥이 세워졌을 때 멋진 효과를 볼 수 있다.

시너지 파워

준비물 둥근 천(지름 2m), 고무공

진행 방법

① 편별로 10~15명이 원형 천을 잡고 천 위에 고무공(지름 1m)을 올려놓은 상태에서 참가자들이 함께 튀겨 가장 오랫동안 공을 튀기는 편이 승리하는 게임이다.

② 처음에는 잘 안 되겠지만 약 2분 정도 연습 시간을 준 뒤 실시하면 협동심이 형성되면서 게임 진행이 원활해진다.

③ 공이 떨어지거나 손을 사용하게 되면 실격 처리가 되고 공이 천에서부터 약 1m 이상 올라가야 득점으로 인정된다.

응용 방법

천 대신 널빤지에 끈을 달아 이용해도 좋다.

2. 장소별 게임 2) 실외 게임 ⑫

대형 공 굴리기

준비물 애드벌룬 공, 반환점

진행 방법

① 각 편별로 대표 참가자를 3인 1조(부모, 자녀), 약 10개 조로 구성한다.

② 송풍기로 바람을 넣어서 명랑 운동회 앞부분에서 진행하는 것이 좋다.

③ 출발선에서 "시작!" 신호와 함께 2~3명이 함께 애드벌룬 공을 밀면서 반환점을 돌아서 온다.

④ 안전사고 예방을 위하여 다음 조에게 공을 넘길 때는 반드시 자기 편 뒤를 돌아온 뒤 다음 조에게 넘겨주도록 한다. 들어오는 조와 나가는 조의 충돌이 있을 경우 애드벌룬의 탄력에 의해 부상을 당할 우려가 있으므로 각별히 주의해야 한다.

쉬어 가기

못사는 사람이 많아야 잘 되는 가게는?

→ 철물점

칙칙폭폭 릴레이

준비물 특수 사다리, 럭비공

진행 방법

① 각 편 참가자들을 3인 1조(부모, 자녀)로 구성하여 3명이 모두 사다리에 들어간다.

② 참가자들은 럭비공을 몰고 반환점을 돌아서 와야 하는데, 럭비공은 가장 앞사람만이 발로 찰 수 있고 그 뒤의 사람들은 앞사람이 가는 대로 따라가야만 한다.

③ 럭비공이 타원형이기 때문에 방향을 예측할 수 없으므로 흥미진진한 경기가 된다.

유의 사항

맨 앞자리는 자녀가 서는 것이 좋다.

응용 방법

① 특수 사다리가 없으면 훌라후프 3개를 연결해 사용해도 좋다.

② 럭비공이 어려우면 배구공 또는 축구공을 이용해도 된다.

2. 장소별 게임 2) 실외 게임 ⑭

지그재그 릴레이

준비물 장애물(세울 수 있는 물건), 반환점

진행 방법

① 참가자들은 1열 가로대형으로 서서 릴레이 방식으로 참여한다.

② 경기 전에 장애물이 될 플라스틱 의자나 장대를 출발선에서 반환점까지 약 5개 정도 세운다.

③ 각 편 참가자들은 "시작!" 신호와 함께 출발하여 장애물 오른쪽과 왼쪽으로 왔다 갔다 번갈아 가며 통과하여 반환점을 돈 후, 다시 똑같은 방법으로 돌아오는 릴레이 경기이다.

응용 방법

게임의 난이도를 높이려면 공을 차면서 장애물을 통과하게 하면 된다.

쉬어 가기

올챙이는 찬물에서 알을 낳을까? 더운물에서 알을 낳을까?

➔ 올챙이는 알을 낳지 않는다.

2. 장소별 게임
2) 실외 게임 ⑮

놀부 심보

준비물 풍선, 주걱, 돗자리, 반환점

진행 방법

① 아빠, 엄마, 아이가 3인 1조가 되어 아빠가 아이를 업고 엄마와 함께 반환점까지 간다.

② 반환점에서 아빠가 돗자리 위에 엎드리면 엄마는 풍선을 아빠 엉덩이 위에 올려놓고 아이는 대형 주걱으로 풍선을 때려 터뜨린 뒤 다정하게 손을 잡고 들어온다.

응용 방법

① 출발 전 가족끼리 춤을 추게 하면 재미를 더 할 수 있다.

② 주걱 대신 뿅망치를 사용해도 좋다.

오리발 릴레이

준비물 오리발, 반환점, 바통

진행 방법

① 오리발을 신고 반환점을 돌아서 오는 릴레이 게임이다. 출발선부터 반환점까지는 뒤로 뛰어가고 반환점을 돌아서 되돌아올 때는 앞으로 뛰어오게 한다.
② 오리발이 크기 때문에 일자로 예쁘게 뛰려고 하다가는 넘어지는 수가 있다.

유의 사항

유아들을 대상으로 할 경우에는 작은 오리발을 이용하는 것이 좋다.

응용 방법

난이도를 높이려면 축구공, 럭비공 등을 차면서 반환점을 돌아서 오는 게임을 해도 또 다른 재미가 있다.

2. 장소별 게임 2) 실외 게임 ⑰

고구마 릴레이

준비물 야구방망이, 럭비공, 반환점

진행 방법

① 야구방망이로 럭비공을 몰아 반환점을 돌아서 오는 경기로, 릴레이 방식으로 진행한다.

② 럭비공이 타원형이기 때문에 방향을 예측할 수 없어 재미있다. 발로 공을 차면 반칙이 되고 너무 공을 세게 다루면 오히려 늦어진다는 것을 참가자에게 주지시킨다.

응용 방법

2~3명이 한 조를 이루어 게임을 진행해도 좋다.

쉬어 가기

도둑이 제일 좋아하는 아이스크림은?

→ 보석바

훌라후프 왕 뽑기

준비물 훌라후프

진행 방법

① 참가자 모두를 경기에 참가시키기 어려우므로 진행자는 각 대표 참가자를 선출하여 게임에 참가시키며 공간을 충분히 확보한 후 자유롭게 서게 하여 훌라후프를 나눠 준다.

② 처음에는 훌라후프 1개 돌리기로 시작하며 훌라후프가 몸에서 떨어지면 탈락하게 되는 게임 내용을 설명한다. 탈락자가 없을 때는 2단계로 들어간다. 2단계 게임은 훌라후프 2개 돌리기, 3단계는 3개와 같이 훌라후프를 점점 추가시키며 진행한다. 최종 승자가 나올 때까지 진행한다.

응용 방법

게임 시간이 오래 걸리면 자칫 지루할 수 있으므로 제자리에서 점프하기, 오른쪽으로 한 바퀴 돌기, 앞으로 전진 등의 미션을 수행하도록 하여 승자를 빨리 뽑는 것이 좋다.

2. 장소별 게임
2) 실외 게임 ⑲

풍선 밟기

준비물 풍선, 끈

진행 방법

① 참가자들은 원형 구역 안에 들어가 풍선을 고무줄이나 끈으로 오른쪽 발목에 묶고 대기한다.

② "시작!" 신호와 함께 다른 편 참가자들의 풍선을 발로 터뜨린다.

③ 풍선이 터진 사람은 원 밖으로 나가며 발 외에 손을 사용하면 반칙이다.

④ 일정한 시간 동안 많은 인원이 남는 편이 승리하거나, 상대편 전원의 풍선을 모두 다 터뜨리는 전면전으로 게임을 진행할 수도 있다.

유의 사항

너무 많은 인원이 한꺼번에 진행할 때에는 진행자의 관리가 어려우므로 보조 진행자를 활용하거나 참가 인원수를 줄여 진행한다.

2. 장소별 게임
2) 실외 게임 ⑳

협동 제기차기

준비물 협동 제기 판, 제기

진행 방법

① 열 개의 줄이 매달린 둥근 판을 참가자들이 함께 잡는다.
② 둥근 판에 제기를 올려놓은 뒤 함께 차는 게임이다.
③ 제기를 찰 때 2m 이상 높이 올려야 한다.
④ 가장 많이 차는 편이 승리하게 된다.
⑤ 편 전체 참가자들의 몸과 마음이 일치하지 않으면 제기가 다른 곳으로 가기 때문에 협동심이 요구되는 경기이다.

유의 사항

본 게임에 들어가기 전 5분 정도의 연습 시간을 주는 것이 좋다.

응용 방법

1번의 기회보다는 2번의 기회를 주어 가장 높은 수를 점수에 반영하는 것이 좋다.

고깔모자 릴레이

준비물 고깔모자, 공

진행 방법

① 구멍이 뚫린 고깔모자를 얼굴에 덮어쓰고 고깔모자 꼭지점 사이로 보이는 공간을 이용하여 공을 몰고 반환점을 돌아서 오는 릴레이 경기이다.

② 고깔모자를 바통 대신 활용하며 공이 잘 안 보이기 때문에 허공에다 발을 차는 모습이 웃음을 자아낼 수 있다.

쉬어 가기

도둑이 제일 싫어하는 아이스크림은?

→ 누가바

2. 장소별 게임 2) 실외 게임 ㉒

물풍선 투포환

준비물 물풍선, 줄자, 훌라후프

진행 방법

① 각 편 참가자는 1열 세로대형으로 서고, 한 사람씩 훌라후프 원 안에 들어간다.

② 물풍선을 한 손으로 들고 투포환 던지듯이 멀리 던진다.

③ 물풍선을 멀리 던진 편이 이긴다. 단, 풍선이 터지지 않아야 한다.

④ 진행자는 모든 풍선에 물을 일정하게 넣고 게임을 시작한다.

유의 사항

풍선에 물을 적당히 채우는 것이 좋다.

쉬어 가기

발이 두 개 달린 소는?

→ 이발소

2. 장소별 게임
2) 실외 게임 ㉓

튜브 전달하기

준비물 튜브

진행 방법

① 각 편 참가자는 1열 세로대형으로 서 있는다.
② 첫 번째 참가자의 목에 튜브를 걸어 준다.
③ 진행자의 신호와 함께 손을 대지 않고 목으로 튜브를 전달하는 게임이다.
④ 가장 빨리 전달하는 편이 이긴다.

응용 방법

여름캠프 때 수영장 안에서 해도 재미있다.

쉬어 가기

사람의 몸이 가장 무거워질 때는?
→ 철들 때

날아라 슈퍼맨

준비물 긴 천

진행 방법

① 각 편의 참가자는 2열 세로대형으로 서 있는다.
② 전체 참가자들은 양쪽에서 긴 천을 잡는다.
③ 참가자 중에서 가장 가벼운 사람이 천 위에 엎드린다.
④ 진행자의 신호에 따라 천 위에 있는 사람을 천의 끝까지 빨리 보내는 편이 이긴다.

유의 사항

천 위에 올라간 사람을 너무 높게 띄우지 않게 한다. 안전요원을 적극 활용한다.

응용 방법

너무 어린 참가자들은 두려워할 수 있으므로 천 위를 걷는다거나 기울기를 조절하여 미끄럼을 태워 주는 것도 좋다.

달려라 특급열차

준비물 줄, 통, 반환점

진행 방법

① 진행자는 발이 빠른 2명의 대표를 선출하여 끈과 통을 준다.

② 참가자들은 2열 종대로 밀착하여 옆사람과 손을 잡고 서 있는다.

③ 진행자의 신호와 함께 2명의 대표는 참가자들의 발밑으로 통을 굴려 달려간다.

④ 참가자들은 자기 차례에 통이 굴러오면 점프를 하여 통이 통과되게 한다.

⑤ 각 편 참가자들이 하나가 되어 가장 빨리 통을 통과시켜 반환점을 돌아서 오면 이기는 경기이다.

응용 방법

발밑으로만 가지 말고 다양한 방법(머리 위로 갔다가 아래로 오기 등)을 구사해 보고 2번 반복하는 등 여러 가지를 활용해 보면 재미있다.

2. 장소별 게임 2) 실외 게임 ㉖

훌라후프 릴레이

준비물 훌라후프, 반환점

진행 방법

① 진행자는 각 편 3인 1조씩 훌라후프 안으로 들어가 출발점에 서게 한다.

② 진행자의 "출발!" 신호에 따라 빨리 반환점을 돌고 와서 준비하고 있는 다음 사람에게 훌라후프를 전달하는 릴레이 경기이다.

③ 이와 같은 방법으로 마지막까지 경기하여 먼저 들어오는 편이 이기는 경기이다.

유의 사항

넘어질 수 있으므로 발걸음을 맞추어 뛰게 한다.

쉬어 가기

물고기 중에 가장 학벌이 높은 물고기는?

→ 고등어

2. 장소별 게임 2) 실외 게임 ㉗

물컵 릴레이

준비물 물컵, 물

진행 방법

① 각 편의 참가자들은 물컵에 일정하게 물을 넣어 1열 세로대형으로 출발점에 선다.

② 진행자의 "출발!" 신호에 따라 물을 흘리지 않고 반환점을 돌아서 오는 릴레이 게임이다.

③ 최종적으로 물컵에 물을 가장 많이 남기는 편이 이기게 되는 게임이다.

④ 이와 같은 방법으로 마지막까지 경기하여 먼저, 그리고 물컵에 물을 가장 많이 남겨 들어오는 편이 이긴다.

응용 방법

스톱워치를 이용해 한 편씩 경기를 한 후 시간과 물의 양을 측정해 점수를 주어도 좋다.

우리는 한 몸

준비물 눈가리개, 반환점

진행 방법

① 주장과 참가자들이 앞사람의 어깨에 양손을 올려놓은 채 한 줄로 서 있게 한다.

② 주장은 참가자들의 맨 뒤에 서 있고, 참가자들은 눈을 가리고 앞사람 어깨에 양손을 올려놓는다. 주장은 눈을 가리지 않는다.

③ 주장의 신호에 따라 참가자들이 움직여 반환점을 빨리 돌아오는 경기이다.

④ 주장의 신호는 왼쪽 방향은 왼쪽 어깨를 두드리고, 오른쪽 방향은 오른쪽 어깨를 두드리고, 전진하면 목을 두드린다.

유의 사항

① 참가자들은 절대로 말을 해서는 안 된다.

② 너무 많은 인원수보다는 10명 내외가 적당하다.

3. 도구를 이용한 게임

❶ 손수건 놀이
❷ 종이컵 놀이
❸ 줄 놀이
❹ 양말 놀이
❺ 두루마리 휴지 놀이
❻ 우유팩 농구
❼ 빈 상자 놀이
❽ 페트병 놀이
❾ 비눗방울 놀이
❿ 큰 수건 놀이
⓫ 모래 놀이
⓬ 블록 놀이
⓭ 신발 놀이
⓮ 깡통 놀이
⓯ 신문지 놀이
⓰ 물감 놀이
⓱ 스트레칭 놀이
⓲ 훌라후프 놀이
⓳ 풍선 놀이
⓴ 악기 놀이
㉑ 뜀틀 놀이
㉒ 평균대 놀이
㉓ 철봉 놀이
㉔ 매트 놀이

3. 도구를 이용한 게임 ❶

손수건 놀이

준비물 손수건, 티슈 통

대 상 4세 이상

놀이 1 ① 손수건을 매듭에 연결해 티슈 통 속에 넣어 뽑게 한다.
놀이 2 ② 손수건을 얼굴에 올려 입으로 불어 얼굴에서 떨어뜨린다.
놀이 3 ③ 손수건을 뭉쳐 멀리 던지기 놀이를 한다.
놀이 4 ④ 손수건을 여러 개 연결하여 줄다리기를 한다.

쉬어 가기

'타이타닉'의 구명보트에는 몇 명이 탈 수 있을까?

→ 9명: 구명보트

3. 도구를 이용한 게임 ❷

종이컵 놀이

준비물 종이컵, 막대기, 실

대 상 4세 이상

놀이 1 ① 도깨비 뿔을 만들어 머리띠를 한다.
놀이 2 ② 막대를 이용해 종이컵을 들거나 던지기도 하고 달리기도 한다.
놀이 3 ③ 종이컵을 양쪽에 실로 연결해 전화기를 만들어 본다.

쉬어 가기

몸에서 돌보다 더 단단한 것은?
→ 머리카락: 돌을 뚫고 나오니까

3. 도구를 이용한 게임 ❸

줄 놀이

준비물 줄

대 상 4세 이상

놀이 1 ① 줄 밑으로 통과한다.

놀이 2 ② 줄을 잡고 앞뒤로 돌린다.

놀이 3 ③ 줄 뛰어넘기, 파도 뛰어넘기, 림보 놀이, 줄 따라 걷기를 한다.

쉬어 가기

법적으로 바가지 요금을 받아도 되는 사람은?

→ 바가지 장사

3. 도구를 이용한 게임 ❹

양말 놀이

준비물 양말

대 상 4세 이상

놀이 1 ① 양말을 말아 농구 슛을 해 본다.
놀이 2 ② 손을 대지 않고 발을 이용해 양말 빨리 벗기를 한다.
놀이 3 ③ 양말을 여러 종류로 짝을 맞춰 본다.

쉬어 가기

술을 좋아하는 나라는?

→ 호주

3. 도구를 이용한 게임 ❺

두루마리 휴지 놀이

준비물 휴지, 물감, 붓

대 상 4세 이상

놀이 1 ① 휴지를 풀어 몸에 감아 미이라 놀이를 한다.
놀이 2 ② 물감으로 휴지에 색 입히기 놀이를 한다.
놀이 3 ③ 물감을 넣어 휴지로 반죽을 만들어 틀에 찍어 본다.

쉬어 가기

차도가 없는 나라는?

→ 인도

3. 도구를 이용한 게임 ❻

우유팩 농구

준비물 우유팩, 의자, 바구니

대 상 5세 이상

진행 방법

① 각 편에서 대표 한 명을 뽑아 바구니를 들고 의자 위에 올라가 농구 골대를 만들게 한다.

② 골대가 되어 바구니를 들고 있는 참가자는 자기 편이 되게 하고 의자 위에 서 있게 한다.

③ 진행자의 신호에 따라 상대방 골대(바구니)에 우유팩을 집어넣는다.

④ 진행자가 정한 시간에 따라 가장 많이 넣는 편이 승리한다.

쉬어 가기

가스가 가장 많은 나라는?

→ 부탄

3. 도구를 이용한 게임 ❼

빈 상자 놀이

준비물 빈 상자, 인형, 구두주걱, 사인펜

대 상 4세 이상

놀이 1 ① 상자 안에 들어가 보기도 하고 인형을 상자 안에 밀어 넣어 보기도 한다.

놀이 2 ② 상자를 눕혀 구두 주걱으로 공을 넣어 본다.

놀이 3 ③ 상자 안에 들어가 전화를 걸어 본다.

놀이 4 ④ 상자 겉면에 그림을 그려 집을 꾸며 본다.

쉬어 가기

국민들이 가장 거만한 나라는?

→ 오만

3. 도구를 이용한 게임 ❽

페트병 놀이

준비물 페트병, 콩, 물

대 상 3세 이상

놀이 1 ① 여러 가지 뚜껑을 가지고 짝을 맞춰 본다.

놀이 2 ② 페트병 안에 콩을 넣어 흔들어 본다.

놀이 3 ③ 페트병으로 물총을 만들어 본다.

쉬어 가기

해와 달이 동시에 떠 있는 동네는?

→ 명동: 明동

3. 도구를 이용한 게임 ❾

비눗방울 놀이

준비물 비눗방울

대 상 3세 이상

놀이 1 ① 비눗방울을 멀리 불어 본다.
놀이 2 ② 비눗방울을 불어서 잡아 본다.
놀이 3 ③ 비눗방울을 크게 만들어 본다.

쉬어 가기

소방관들이 제일 싫어하는 동네는?
→ 방화동

3. 도구를 이용한 게임 ⑩

큰 수건 놀이

준비물 큰 수건

대 상 5세 이상

놀이 1 ① 큰 수건을 목에 감고 슈퍼맨 놀이를 한다.

놀이 2 ② 큰 수건을 양쪽에서 잡고 그네 타기를 한다.

놀이 3 ③ 큰 수건으로 김밥처럼 몸을 감아 본다.

쉬어 가기

학생들이 제일 좋아하는 동네는?

→ 방학동

3. 도구를 이용한 게임 ⑪

모래 놀이

준비물 모래, 그릇

대 상 4세 이상

놀이 1 ① 모래로 터널을 만든다.
놀이 2 ② 모래에 손을 넣어 쌓기 놀이를 한다.
놀이 3 ③ 모래를 그릇에 담아 모양을 만든다.

쉬어 가기
땅값이 가장 싼 동네는?
→ 일원동

3. 도구를 이용한 게임 ⑫

블록 놀이

준비물 블록

대 상 4세 이상

놀이 1 ① 블록을 쌓아 성을 만들어 본다.

놀이 2 ② 블록을 이용해서 숫자 놀이를 한다.

놀이 3 ③ 도미노 놀이를 해 본다.

쉬어 가기

바쁘게 살아가는 도시는?

→ 부산

3. 도구를 이용한 게임 ⑬

신발 놀이

준비물 신발

대 상 4세 이상

놀이 1 ① 신발 멀리 던지기 놀이를 한다.
놀이 2 ② 신발 짝 맞추기 놀이를 한다.
놀이 3 ③ 신발로 기차 놀이를 한다.

쉬어 가기

음악의 아버지는 바흐이고 음악의 어머니는 헨델이다.
바흐와 헨델 사이에서 태어난 자식은?
→ 음악

3. 도구를 이용한 게임 ⑭

깡통 놀이

준비물 깡통, 구슬

대 상 4세 이상

놀이 1 ① 빈 깡통을 나열해 놓고 종류별로 맞추게 한다.

놀이 2 ② 빈 깡통 안에 구슬을 던져 넣어 본다.

놀이 3 ③ 깡통을 차서 멀리 보내기 놀이를 한다.

쉬어 가기

별 중에 가장 슬픈 별은?

→ 이별

3. 도구를 이용한 게임 ⑮

신문지 놀이

준비물 신문

대 상 4세 이상

놀이 1 ① 신문지로 찢기 놀이를 한다.
놀이 2 ② 신문지로 모자를 만들게 한다.
놀이 3 ③ 신문지를 동글게 말아 테이프로 붙이고 공을 만들어 찬다.

쉬어 가기

붉은 길에 동전 하나가 떨어져 있다. 그 동전의 이름은?

➔ 홍길동전

3. 도구를 이용한 게임 ⑯

물감 놀이

준비물 종이, 물감, 각종 뚜껑

대 상 3세 이상

놀이 1 ① 각종 뚜껑에 물감을 묻혀 종이에 찍어 낸다.
놀이 2 ② 손바닥으로 그림을 그린다.
놀이 3 ③ 발로 찍기 놀이를 통해 다양한 모양을 만들어 본다.

쉬어 가기

식인종이 밥투정 할 때 하는 말은?

→ 살맛 안나!

스트레칭 놀이

준비물 의자

대 상 3세 이상

놀이 1 ① 의자 끝에 발뒤꿈치를 댄 후 다리를 펴고 손으로 발가락을 잡는다.

놀이 2 ② 다리를 어깨 넓이로 하고 서로 등을 대고 앉는다. 허리를 돌려서 상대방과 손뼉을 친다.

놀이 3 ③ 다리를 어깨 넓이로 벌리고 의자 끝을 양손으로 잡은 후 머리를 양팔 사이로 넣고 허리와 다리를 편다.

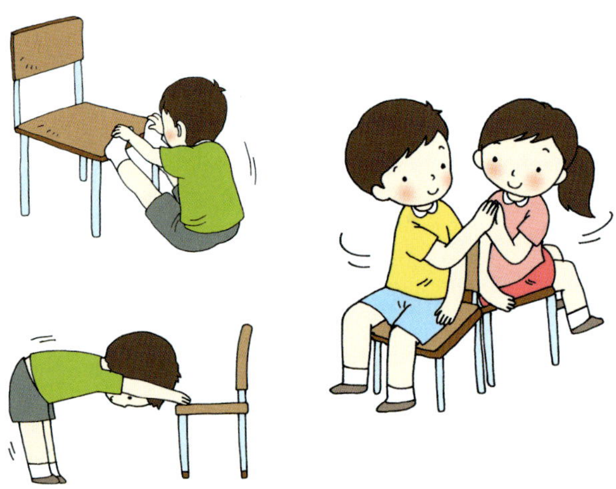

쉬어 가기

누구나 즐겁게 웃으며 읽는 글은?

→ 싱글벙글

3. 도구를 이용한 게임 ⑱

훌라후프 놀이

준비물 훌라후프

대 상 4세 이상

놀이 1 ① 신체 부위를 이용해서 돌린다(손, 팔, 다리, 목, 무릎).

놀이 2 ② 굴리기, 터널 통과하기, 밑으로 빠져나오기를 한다.

놀이 3 ③ 두 발로 징검다리 건너기를 한다.

3. 도구를 이용한 게임 ⑲

풍선 놀이

준비물 풍선

대 상 4세 이상

놀이 1 ① 신체 부위(머리, 어깨, 손, 무릎, 발)를 이용해서 풍선을 친다.
놀이 2 ② 풍선을 차거나, 풍선을 이용해 권투를 하거나 풍선 전달 놀이를 한다.
놀이 3 ③ 뒤뚱뒤뚱 오리가 되어 풍선 터뜨리기를 하거나 풍선배구를 한다.

쉬어 가기

묵은 묵인데 먹지 못하는 묵은?
→ 침묵

3. 도구를 이용한 게임 ⑳ 악기 놀이

준비물 냄비, 도마, 수저, 그릇

대 상 3세 이상

놀이 1 ① 여러 종류의 냄비들을 드럼처럼 친다.

놀이 2 ② 냄비 뚜껑으로 심벌즈를 만들어 본다.

놀이 3 ③ 도마와 수저로 기타 치기 놀이를 한다.

쉬어 가기

풍뎅이 중에 가장 오래 사는 풍뎅이는?

→ 장수풍뎅이

3. 도구를 이용한 게임 ㉑

뜀틀 놀이

준비물 뜀틀

대 상 5세 이상

놀이 1 ① 구름판 사용법을 익힌다.
놀이 2 ② 오르기, 내리기, 건너뛰기를 한다.
놀이 3 ③ 말 타기, 뛰어내리기를 한다.

쉬어 가기

칼은 칼인데 전혀 들지 않는 칼은?

→ 머리칼

3. 도구를 이용한 게임 ㉒

평균대 놀이

준비물 평균대

대 상 5세 이상

놀이 1 ① 앞·옆·뒤로 걷기, 평균대 짚고 높이뛰기를 한다.
놀이 2 ② 밑으로 구르기, 중심 잡고 서기를 한다.
놀이 3 ③ 한 발로 중심 잡기, 장애물 넘어 걷기를 한다.

3. 도구를 이용한 게임 ㉓

철봉 놀이

준비물 철봉

대 상 5세 이상

놀이 1 ① 매달리거나, 옆으로 이동해 본다.
놀이 2 ② 배 대고 서기, 배 대고 앞으로 돌아 본다.
놀이 3 ③ 좌우로 흔들기, L자 만들기를 한다.

3. 도구를 이용한 게임 ㉔

매트 놀이

준비물 매트

대 상 4세 이상

놀이 1 ① 매트 위에서 걷기, 혼자서 앞구르기·옆구르기를 한다.

놀이 2 ② 둘이서 옆구르기를 한다.

놀이 3 ③ 앞구르기, 가로, 세로 넘기를 한다.

쉬어 가기

못 팔고도 돈 번 사람은?

→ 철물점 주인

4. 주의 집중 손유희

❶ 태권V 박수
❷ 인절미 박수
❸ 탈춤 박수
❹ 짱구 박수
❺ 자동차 박수
❻ 카우보이 박수
❼ 빨래 박수
❽ 손가락 박수
❾ 김밥 박수
❿ 간호사 박수
⓫ 태권도 박수
⓬ 축구 박수
⓭ 배구 박수
⓮ 야구 박수
⓯ 농구 박수

주의 집중 손유희 주의 사항
1. 동작을 크게 한다.
2. 목소리를 크게 한다.
3. 얼굴 표정을 상황에 맞게 연출한다.
4. 특정 동작을 정확하고 재미있게 한다.

4. 주의 집중 손유희 ❶

태권V 박수

진행 방법

① 박수 한 번 태권!(허리에 양주먹을 쥐고 태권)

② 박수 두 번 브이! 브이!(양손을 뻗으며 V)

③ 박수 세 번 슈웅!~ (양팔로 날아가는 자세를 취하며 슈웅~ 날아간다.)

쉬어 가기

오랑이는 영어로 Tiger이다. 그러면 이 빠진 호랑이는?

→ Tigr

4. 주의 집중 손유희 ❷

인절미 박수

진행 방법

① 오물오물 짝! 짝! : 양 손바닥을 아래로 향하여 내민 후 떡 주무르는 모양.

② 쫄깃쫄깃 짝! 짝! : 양 손바닥을 위로 향하여 내민 후 떡 주무르는 모양.

③ 오물 짝! 쫄깃 짝! : ①, ② 같은 동작을 한다.

④ 오물 쫄깃 짝! 짝! : ①, ② 같은 동작을 한다.

쉬어 가기

벌레 중 가장 빠른 벌레는?

➔ 바퀴벌레(바퀴가 있으니까)

4. 주의 집중 손유희 ❸

탈춤 박수

진행 방법

① 덩더쿵 덩더쿵 짝! 짝! : 양손으로 무릎을 2번 친다.

② 얼쑤 얼쑤 짝! 짝! : 양팔을 얼굴에 대고 흔든다.

③ 덩더쿵 짝! 얼쑤 짝! : ①, ② 같은 동작을 한다.

④ 덩더쿵 얼쑤 짝! 짝! : ①, ② 같은 동작을 한다.

쉬어 가기

언제나 말다툼이 있는 곳은?

→ 경마장

4. 주의 집중 손유희 ❹

짱구 박수

진행 방법

① 울퉁울퉁 짝! 짝! : 양손 주먹을 쥐고 볼에 붙였다 떼었다 한다.

② 불퉁불퉁 짝! 짝! : 양손 손바닥을 볼에 붙였다 떼었다 한다.

③ 울퉁 짝! 불퉁 짝! : ①, ② 같은 동작을 한다.

④ 울퉁 불퉁 짝! 짝! : ①, ② 같은 동작을 한다.

쉬어 가기

이자 없이 꾸는 것은?

→ 꿈

4. 주의 집중 손유희 ❺

자동차 박수

진행 방법

① 부르릉 부르릉 짝! 짝! : 양손으로 핸들을 잡고 운전을 하는 동작을 한다.

② 빵빵 짝! 짝! : 클랙슨을 누르는 동작을 하고 박수를 친다.

③ 좌회전 좌회전 짝! 짝! : 핸들을 잡고 좌회전 동작을 하고 박수를 친다.

④ 우회전 우회전 짝! 짝! : 핸들을 잡고 우회전 동작을 하고 박수를 친다.

⑤ 부르릉 짝!, 빵 짝!, 좌회전 짝!, 우회전 짝!: ①, ②, ③, ④ 같은 동작을 한다.

⑥ 부르릉, 빵, 좌회전, 우회전 짝! 짝! : ①, ②, ③, ④ 같은 동작을 한다.

⑦ 정지 : 양팔을 앞으로 당기며 "끽!" 하고 멈춘다.

쉬어 가기

헌병이 가장 무서워하는 사람은?

→ 고물장수

4. 주의 집중 손유희 ❻

카우보이 박수

진행 방법

① 따그닥 따그닥 짝! 짝! : 양손으로 말을 타는 동작을 한다.

② 이랴 이랴 짝! 짝! : 엉덩이를 때리는 동작을 한다.

③ 빵~ 빵~ 짝! 짝! : 엄지와 검지로 총 쏘는 동작을 한다.

④ 따그닥 짝!, 이랴 짝!, 빵~ 짝! : ①, ②, ③ 같은 동작을 한다.

⑤ 따그닥 이랴 빵~ 짝! 짝! : ①, ②, ③ 같은 동작을 한다.

쉬어 가기

김과 김밥이 길을 걷는데 비가 오기 시작했다. 김밥은 비로 인해 풀어질까 봐 열심히 뛰었지만 김은 느긋하게 걸었다. 왜 그럴까?

→ '양반 김'이라서

4. 주의 집중 손유희 ⑦

빨래 박수

진행 방법

① 주무르고 주무르고 짝! 짝! : 빨래 빠는 동작을 한다.

② 짜고 짜고 짝! 짝! : 비틀면서 짜는 동작을 한다.

③ 널고 널고 짝! 짝! : 빨래 너는 동작을 한다.

④ 주무르고 짝! 짜고 짝! 널고 짝! : ①, ②, ③ 같은 동작을 한다.

⑤ 주무르고 짜고 널고 짝! 짝! : ①, ②, ③ 같은 동작을 한다.

쉬어 가기

물은 물인데 사람들이 가장 좋아하는 물은?

→ 선물

4. 주의 집중 손유희 ❽

손가락 박수

진행 방법

① 엄지 엄지 짝! 짝! : 양손 엄지손가락을 편다.

② 새끼 새끼 짝! 짝! : 양손 새끼손가락을 편다.

③ 엄지 짝!, 새끼 짝! : ①, ② 같은 동작을 한다.

④ 엄지 새끼 짝! 짝! : ①, ② 같은 동작을 한다.

쉬어 가기

문은 문인데 닫지 못하는 문은?

→ 소문

4. 주의 집중 손유희 ❾

김밥 박수

진행 방법

① 말고 말고 짝! 짝! : 김밥을 마는 동작을 한다.

② 먹고 먹고 짝! 짝! : 김밥을 먹는 동작을 한다.

③ 말고 짝! 먹고 짝! : ①, ② 같은 동작을 한다.

④ 말고 먹고 짝! 짝! : ①, ② 같은 동작을 한다.

쉬어 가기

약은 약인데 아껴 먹는 약은?

→ 절약

4. 주의 집중 손유희 ⑩

간호사 박수

진행 방법

① 때리고 때리고 짝! 짝! : 왼 손바닥으로 엉덩이를 때리는 동작을 한다.

② 찌르고 찌르고 짝! 짝! : 오른손 검지 손가락으로 주사 놓는 동작을 한다.

③ 때리고 짝! 찌르고 짝! : ①, ② 같은 동작을 한다.

④ 때리고 찌르고 짝! 짝! : ①, ② 같은 동작을 한다.

쉬어 가기

세상에서 제일 큰 코는?

→ 멕시코

4. 주의 집중 손유희 ⑪

태권도 박수

진행 방법

① 지르고 지르고 짝! 짝! : 오른손 왼손을 번갈아 앞으로 뻗는다

② 막고 막고 짝! 짝! : 오른손 왼손을 번갈아 막는다.

③ 지르고 짝! 막고 짝! : ①, ② 같은 동작을 한다.

④ 지르고 막고 짝! 짝! : ①, ② 같은 동작을 한다.

쉬어 가기

날마다 가슴에 흑심을 품고 있는 것은?

→ 연필

4. 주의 집중 손유희 ⑫

축구 박수

진행 방법

① 몰고 몰고 짝! 짝! : 좌우로 움직이는 동작을 한다.

② 패스 패스 짝! 짝! : 패스를 좌우로 한 번씩 하는 동작을 한다.

③ 헤딩 헤딩 짝! 짝! : 헤딩을 좌우로 한 번씩 하는 동작을 한다.

④ 골인 골인 짝! 짝! : 양손을 올리고 기뻐하는 동작을 한다.

⑤ 몰고 짝!, 패스 짝!, 헤딩 짝!, 골인 짝! : ①, ②, ③, ④ 같은 동작을 한다.

⑥ 몰고 패스 헤딩 골인 짝! 짝! : ①, ②, ③, ④ 같은 동작을 한다.

쉬어 가기

한 입 베어 문 사과는?

→ 파인애플

4. 주의 집중 손유희 ⑬

배구 박수

진행 방법

① 서브 서브 짝! 짝! : 오른손으로 공을 상대편에게 때리는 동작을 한다.

② 리시브 리시브 짝! 짝! : 양손으로 공을 받는 동작을 한다.

③ 토스 토스 짝! 짝! : 배구공을 두 손으로 높이 올리는 동작을 한다.

④ 서브 짝!, 리시브 짝!, 토스 짝! : ①, ②, ③ 같은 동작을 한다.

⑤ 서브 리시브 토스 짝! 짝! : ①, ②, ③ 같은 동작을 한다.

쉬어 가기

아이들이 학교에 가는 이유는?

→ 학교가 아이들에게 올 수 없으니까

4. 주의 집중 손유희 ⑭

야구 박수

진행 방법

① 던지고 던지고 짝! 짝! : 투수가 공을 던지는 동작을 한다.

② 때리고 때리고 짝! 짝! : 타자가 공을 쳐내는 동작을 한다.

③ 홈런 홈런 짝! 짝! : 양손을 흔들며 좋아하는 동작을 한다.

④ 던지고 짝!, 때리고 짝!, 홈런 짝! : ①, ②, ③ 같은 동작을 한다.

⑤ 던지고 때리고 홈런 짝! 짝! : ①, ②, ③ 같은 동작을 한다.

쉬어 가기

'인천 앞바다'의 반대말은?

→ 인천 엄마다

4. 주의 집중 손유희 ⑮

농구 박수

진행 방법

① 드리블 드리블 짝! 짝! : 오른손으로 드리블하는 동작을 한다.

② 패스 패스 짝! 짝! : 몸을 좌우로 돌리는 동작을 한다.

③ 슛 슛 짝! 짝! : 양손으로 공을 잡아 슛하는 동작을 한다.

④ 드리블 짝!, 패스 짝!, 슛 짝! : ①, ②, ③ 같은 동작을 한다.

⑤ 드리블 패스 슛 짝! 짝! : ①, ②, ③ 같은 동작을 한다.

쉬어 가기

우리나라에서 키가 제일 큰 사람은 몇 명일까?

→ 한 명

5. 전통 놀이

❶ 실뜨기

❷ 투호 놀이

❸ 땅따먹기

❹ 동대문을 열어라

❺ 비석치기

❻ 굴렁쇠 굴리기

❼ 쌀보리

❽ 닭싸움

❾ 깡통 차기 술래잡기

❿ 깡통 차기

⓫ 새끼치기 술래잡기

⓬ 매미 술래잡기

⓭ 뜯어내기

⓮ 거머리 뒤집기

⓯ 수건돌리기

⓰ 세 박자 콩 콩 콩

⓱ 꽃 따기(우리 집에 왜 왔니?)

⓲ 달팽이집(돌아잡기)

⓳ 달팽이집(떡장수 놀이)

⓴ 그림자 밟기

㉑ 비석치기

㉒ 왔다리 갔다리

㉓ 가위바위보! 업어 주기

㉔ 까막잡기

㉕ 글짓기

5. 전통 놀이 ❶ 실뜨기

준비물 실

진행 방법

① 60~80cm 정도의 실을 준비한다.

② 처음 참가자가 실을 양쪽 엄지, 검지에 벌려서 건다.

③ 상대 참가자가 양쪽 손가락을 이용해서 손가락을 걸어 올리거나 걸어 내리면서 새로운 모양을 만든다.

④ 같은 모양이 나오건, 실이 엉키거나 풀어지는 참가자가 있으면 처음부터 다시 시작하도록 한다.

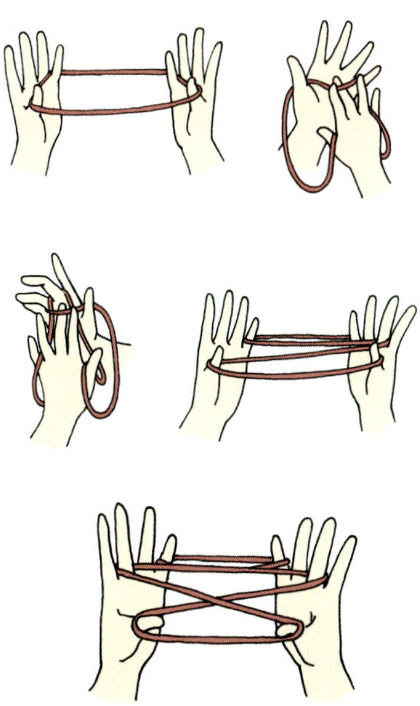

5. 전통 놀이 ❷

투호 놀이

준비물 항아리, 깃대(화살)

진행 방법

① 순서를 정해 첫째 참가자부터 그어 놓은 선 앞에 깃대 3개를 가지고 선다.
② 깃대 1개씩 항아리를 향해 던져 항아리 속에 들어가도록 한다.
③ 3개의 깃대를 모두 던진 후 다음 참가자가 던진다.
④ 항아리 안에 깃대를 가장 많이 넣은 참가자가 이긴다.

응용 방법

항아리 대신 휴지통을 활용하고 깃대 대신 신문지를 말아서 활용해도 좋다.

쉬어 가기

참치 만두가 참치에게 한 말은?
→ 내 안에 너 있다

5. 전통 놀이 ❸

땅따먹기

준비물 바둑알, 그리기 펜

진행 방법

① 원 또는 사각형을 크게 그린다.

② 자기 집의 위치를 정한 순서대로 첫째 참가자부터 자기 집에서부터 손가락으로 말을 세 번 튕겨서 자기 집으로 돌아오게 한다.

③ 이때 말이 튕겨 지나온 자리를 줄로 그어 자기 땅으로 표시한다.

④ 세 번에 성공을 못하면 다음 차례의 참가자에게 기회가 돌아간다.

쉬어 가기

세상에서 가장 큰 차는?

→ 아프리카

5. 전통 놀이 ❹

동대문을 열어라

진행 방법

① 술래 2명을 정한다.

② 술래를 제외한 참가자들은 한 줄로 기차 모양을 만든다.

③ 술래 2명이 손을 들어 문을 만들고 나머지 참가자들이 앞 사람의 허리를 잡고 그 문을 통과한다.

④ 노래를 부르면서 지나간다.

- 동동 동대문을 열어라.
- 남남 남대문을 열어라. 열두 시가 되면은 문을 닫는다. 철컥!

⑤ 노래가 끝날 때 술래 2명이 문을 닫으면서 손을 내린다.

⑥ 이때 손 안에 들어온 참가자가 다음 술래가 된다.

쉬어 가기

신경통 환자들이 가장 싫어하는 악기는?

→ 비올라

5. 전통 놀이 ❺ 비석치기

준비물 종이 벽돌, 콩주머니

진행 방법

① 적당한 거리에 선(출발선)을 긋는다.

② 종이 벽돌을 놓아 둔다.

③ 콩주머니를 머리에 이고 종이 벽돌 있는 쪽으로 간다.

④ 콩주머니를 떨어뜨려 종이 벽돌을 쓰러뜨린다.

⑤ 콩주머니를 다양한 방법(예를 들면, 손등 위, 무릎 사이 끼우기, 겨드랑이 사이 끼우기, 머리 위 등)을 사용하여 게임을 진행하게 한다.

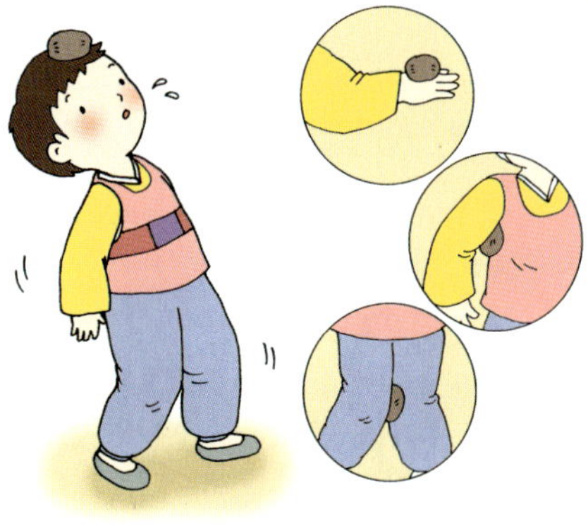

5. 전통 놀이 ❻

굴렁쇠 굴리기

준비물 굴렁쇠

진행 방법

① 굴렁쇠를 준비한다.

② 막대기를 사용하여 굴렁쇠를 굴려 보게 한다.

③ 반환점을 돌아서 오게 한다.

응용 방법

지그재그 장애물을 이용해 난이도를 높여 진행하여도 재미있다.

쉬어 가기

첫 자와 끝 자 사이에 998자가 있는 책은?

→ 천자문

5. 전통 놀이 ❼

쌀보리

진행 방법

① 두 참가자가 마주 앉아 한 참가자는 두 손을 벌리고 다른 참가자는 주먹을 상대방 참가자가 벌린 두 손에 넣었다 뺐다를 반복한다.

② 이때 주먹을 넣으면서 "쌀!", "보리!"를 반복해서 외친다.

③ "쌀!"을 외칠 때 주먹을 잡은 참가자가 이긴다.

쉬어 가기

길동이 엄마는 아들이 5명이다. 첫째 일남이, 둘째 이남이, 셋째 삼남이, 넷째 사남이다. 그렇다면 다섯째의 이름은?

→ 길동이

5. 전통 놀이 ❽

닭싸움

진행 방법

① 한쪽 발을 들고 균형을 잡을 수 있게 한다.

② 한쪽 다리를 높이 구부려 잡는다. 양손으로 자기 다리의 발목 쪽을 잡아서 준비 자세를 취한다.

③ 공격하는 방법은 무릎으로 상대방의 무릎을 누르거나 올려 친다.

④ 균형을 잃어 잡은 손을 놓거나 올린 발을 바닥에 내려놓을 경우 지게 된다.

응용 방법

큰 원을 그려 단체전을 해 보는 것도 재미있다.

5. 전통 놀이 ⑨

깡통 차기 술래잡기

준비물 깡통

진행 방법

① 원을 그린 후 깡통을 그 안에 넣는다.

② 술래를 한 명 정한다.

③ 술래 아닌 참가자들 중 한 명이 깡통을 연이어 세 번 차서 멀리 보내 버린다. 그 사이 다른 참가자들은 술래에게 안 보일 곳에 숨는다.

④ 술래는 재빨리 깡통을 주워서 원 안에 넣고 숨은 참가자들을 찾으러 다닌다.

⑤ 술래가 숨은 참가자를 찾았을 때 "○○이 찾았다!"고 외치며 재빨리 달려와 숨은 사람보다 먼저 깡통을 밟으면서 "꽝!" 하면 숨었던 참가자는 죽고 반대

로 숨었던 참가자가 술래 몰래 원 안에 있는 깡통을 밟으면서 "꽝!"을 하면 살 수 있다.

⑥ 술래에게 잡힌 참가자들은 숨어 있는 참가자를 응원하는 노래를 한다.

⑦ 술래가 자기를 못 보는 사이에 얼른 와서 깡통을 밟으면 자기만 살 수 있지만, 깡통을 차서 원 밖으로 보내면 죽었던 참가자들이 다 살아나 놀이를 다시 시작한다. 이때 술래였던 참가자가 다시 술래를 하거나, 술래에게 벌칙을 주고 새 술래를 뽑아도 된다.

⑧ 술래가 아무리 찾아도 어디 숨었는지 모르는 경우 "못 찾겠다 꾀꼬리!"를 외치면 숨었던 참가자들은 술래가 안 되고, 죽은 참가자들끼리 다시 술래를 정한다.

쉬어 가기

이 문제의 답은 2개이다. 길동이는 감을 4개 먹고, 길순이는 귤을 5개 먹었다. 과일은 모두 몇 개 남았을까?

→ 2개

5. 전통 놀이 ⑩ 깡통 차기

준비물 깡통

진행 방법

① 숨을 곳이 별로 없는 운동장 같은 장소에서 놀이를 할 경우 술래잡기로 변형하여 놀이를 진행한다. 술래가 아닌 참가자들은 술래에게 잡히지 않도록 도망 다닌다.

② 술래를 두 명 내지 세 명 정도(한 명 정도는 깡통을 지키는 사람, 다른 참가자들은 치러 다니는 사람)로 정하고, 원을 그린 후 깡통을 그 안에 넣는다.

③ 도망 다니는 참가자 중에 한 참가자가 깡통을 세 번 연이어 차서 멀리 보낸다.

④ 술래는 참가자들이 찬 깡통을 원 안에 다시 갖다 놓은 후 참가자들을 잡으러 다닌다.

⑤ 술래에게 잡히면 원 안에 갇혀 포로가 된다.

⑥ 도망 다니던 참가자가 술래 몰래 깡통을 멀리 차내면 그때까지 잡혀 있던 포로들이 다시 살아나 술래가 깡통을 집어 원 안에 갖다 놓을 동안 도망간다.

⑦ 모두 포로가 되면 포로끼리 가위바위보를 해서 다시 술래를 정한다.

쉬어 가기

거북선과 바둑알 중 어느 것이 더 무거울까?

→ 바둑알(거북선은 물에 뜨고 바둑알은 가라앉는다.)

5. 전통 놀이 ⑪

새끼치기 술래잡기

진행 방법

① 술래를 정한다.

② 알맞게 범위를 정하고, 놀이가 시작되면 술래는 술래가 아닌 참가자들을 찾으러 다닌다.

③ 술래에게 잡힌 참가자는 자기를 찾은 술래와 손을 잡고 다른 사람들을 찾으러 다니는 술래가 된다.

④ 모든 참가자들이 술래가 되면 놀이가 끝난다.

⑤ 술래들 중 다시 한 명의 술래를 정한다.

유의 사항

술래들끼리 손을 잡고 뛰어다니다 넘어지지 않도록 주의시킨다.

쉬어 가기

전주비빔밥보다 신선한 비빔밥은?

→ 이번 주 비빔밥

5. 전통 놀이 ⑫

매미 술래잡기

진행 방법

① 전체 인원의 1/5 정도를 술래로 정한다.

② 술래가 아닌 참가자는 술래를 피해 다니다가 술래가 손으로 치기 전에 벽에 붙는다. 벽에 붙은 참가자는 술래가 쳐도 죽지 않는다.

③ 술래가 벽에 붙은 사람 앞에서 땅에 '매미' 라는 글자를 쓴 후에는 벽에 붙은 참가자를 칠 수 있게 된다.

④ '매미' 를 쓰는 사이에 벽에 붙어 있던 참가자는 도망간다.

⑤ 술래가 '매미' 라는 글자를 쓰는 사이에 도망가지 못하면, 술래에게 치여 술래가 된다.

⑥ 도망 다니다가 술래에게 치여도 술래가 된다.

5. 전통 놀이 ⑬

뜯어내기

진행 방법

① 몇 개의 모둠으로 편을 짠다.

② 버팀대를 정한다.

③ 술래 편과 뜯어내는 편, 두 편으로 나눈다.

④ 술래 편이 버팀대에 전부 붙어 있고, 뜯어내는 편은 일정한 시간 동안에 많은 참가자들을 떼어내면 된다.

⑤ 술래 편과 뜯어내는 편을 바꾸어서 한다.

응용 방법

버팀대가 없을 시 술래끼리 붙어 있고 그것을 뜯어내도 좋다.

쉬어 가기

절대로 울면 안 되는 날은?

→ 중국집 쉬는 날(울면: 중국집 메뉴 중 하나)

5. 전통 놀이 ⑭

거머리 뒤집기

진행 방법

① 편별로 일렬로 선다.

② 모두 허리를 숙여서 오른손을 양다리 사이로 빼서 뒤에 있는 참가자의 왼손을 잡고 왼손은 앞 참가자의 오른손을 잡는다.

③ 맨 뒤에 있는 참가자는 그 자리에 눕고 앞에 있는 참가자들은 뒤로 걸어가면서 누워 있는 참가자를 지나 자기 차례가 되면 자리에 눕는다.

④ 모두 다 누우면 맨 마지막에 누운 참가자가 일어나서 앞 참가자를 지나 걸어가고 나머지 참가자들도 차례가 되면 일어나서 앞으로 걸어가서 모두 일어난다.

⑤ 가장 먼저 모두 누웠다가 일어나는 쪽이 이기는데, 중간에 손을 놓으면 줄이 끊어지게 되므로 그런 편은 지게 한다.

유의 사항

2편씩 진행하여 토너먼트 방법으로 진행하는 것이 좋다.

쉬어 가기

눈이 녹으면 뭐가 될까?

→ 눈물

5. 전통 놀이 ⑮ 수건돌리기

준비물 수건

진행 방법

① 참가자들이 동그랗게 간격을 좁혀 앉은 다음 술래를 정한다.

② 둘러앉은 참가자들은 손뼉을 치면서 노래를 부르고, 술래는 수건을 감추어 들고 둘러앉은 참가자들의 등 뒤를 돈다.

③ 술래는 참가자들 주위를 돌다가 몰래 한 참가자의 등 뒤에 수건을 놓고 한 바퀴를 더 돈다.

④ 둘러앉은 참가자들은 노래를 부르면서 두 손을 뒤로 돌려 자신이 앉은 곳에 술래가 수건을 놓고 가지 않았는지 더듬어 본다.

⑤ 술래가 놓고 간 수건이 손에 잡히면 그 참가자는 얼른 수건을 집어 들고 술래 뒤를 쫓아가고 술래는 그 참가자의 자리로 한 바퀴 돌아와 앉아야 한다.

⑥ 만일 수건이 뒤에 놓인 줄 모르고 있다가 술래가 한 바퀴 돌아와서 그 참가자를 치면 그 참가자는 가운데로 나가 벌칙을 받고 술래가 된다.

⑦ 반대로 술래가 놓은 수건을 재빨리 들고 쫓아가서 술래가 자리에 앉기 전에 치면 술래가 벌칙을 받고 술래를 계속한다.

⑧ 술래가 제자리에 앉으면 놀이는 계속된다.

응용 방법

벌칙을 미리 정해 놓고 게임을 하는 것도 재미있다.

쉬어 가기

왕이 넘어지면 무엇이 될까?

→ 킹콩

5. 전통 놀이 ⑯

세 박자 쿵 쿵 쿵

진행 방법

① 참가자들이 다음과 같은 동작을 하며 박자를 맞춘다.

"오른발 들고, 왼발 들고, 앞으로 갔다, 뒤로 갔다, 가위바위보!"

② 앞사람과 만난 후, 가위바위보를 하여 진 참가자는 이긴 사람 뒤에 가서 허리를 잡고 선다.

③ 이렇게 다른 사람과 가위바위보를 하여 8명, 16명으로 길게 늘어선다.

④ 편을 나누어 노는 놀이로 이어진다.

쉬어 가기

세 사람만이 탈 수 있는 차는?

→ 인삼차

5. 전통 놀이 ⑰ 꽃 따기(우리 집에 왜 왔니?)

진행 방법

① 모둠별로 두 편씩 짝을 짓는다(한 모둠은 6~7명으로 한다).

② 두 편이 각각 1열 횡대로 옆 참가자와 손을 잡고 서로 마주 보고 선다.

③ 가운데 부분에 선을 긋고 자기 진영의 위치를 확실히 한다.

④ 각 편에서 한 명씩 나와 가위바위보를 하여 공격할 편을 정한다.

⑤ 수비 편은 "우리 집에 왜 왔니? 왜 왔니? 왜 왔니?"라고 노래를 부르며 모두 앞으로 나아간다. 이때 공격 편은 뒤로 물러선다.

⑥ 이어서 공격 편이 앞으로 나가면서 "꽃 찾으러 왔단다~ 왔단다~ 왔단다~" 라고 모두 앞으로 나아가면서 수비 편에 맞서서 노래를 부른다.

⑦ 수비 편에서 앞으로 나아가면서 "무슨 꽃을 찾으러 왔느냐? 왔느냐?"라고 노래한다.

⑧ 이때 공격 편은 "○○○ 꽃을 찾으러 왔단다~ 왔단다~ 왔단다~" 하고 수비 편 중 한 명의 이름을 노래 가사에 넣어 불러 세운다.

⑨ 공격 편의 대장과 수비 편의 이름을 불린 참가자가 가위, 바위, 보를 한다.

⑩ 가위바위보에서 이긴 편은 앞으로 나아가면서 "이겼다 꽃바구니 하나 얻었다."라고 하면 진 편은 "축하한다. 다음엔 우리가 이길 거다!"라고 노래한다.

응용 방법

"꽃바구니 하나 얻었다" 할 때 가위바위보를 해서 진 사람은 상대편으로 넘어가 그 편의 일원이 되는 게임으로 바꾸어 할 수도 있다.

쉬어 가기

눈이 아닌 입으로 볼 수 있는 것이 있다면?

→ 맛

5. 전통 놀이 ⑱

달팽이집(돌아 잡기)

진행 방법

① 10~30명 정도가 함께 할 수 있는 놀이다.

② 인원수에 맞게 달팽이집 모양의 선을 긋는다.

③ 편을 갈라 이긴 편과 진 편을 나누어, 이긴 편은 바깥쪽에 진을 만들고 진 편은 안쪽에 진을 만들어 상대의 진을 향하여 선다.

④ 자기 편에 다 같이 한 줄로 서 있다가, "시작!"과 동시에 각 진의 맨 앞에 있는 참가자가 진에서 출발한다.

⑤ 달려가다가 상대편을 만나면 가위바위보를 한다.

⑥ 이긴 참가자는 계속하여 달리고, 진 편에서는 맨 앞에 있던 참가자가 재빨리 진에서 나오고 다음 참가자가 재빨리 달려가 상대편과 만나서 가위바위보를 한다.

⑦ 가위바위보에서 이긴 참가자는 상대편 진을 향해 계속 뛰어가서 상대편의 진을 점령하면 이긴다.

5. 전통 놀이 ⑲

달팽이집(떡장수 놀이)

준비물 돌멩이, 깡통

진행 방법

① 놀이판은 달팽이집(돌아 잡기)과 같고 술래를 한 명 뽑는다.

② 술래를 제외한 모든 참가자는 달팽이집 안에 들어가서 한 줄로 선다.

③ 술래는 달팽이집의 바깥 끝에 금을 긋고 떡을 가져다 놓는다(떡은 돌멩이나 깡통으로 한다).

④ 놀이가 시작되면 달팽이집 안에 있는 사람들이 앞사람 어깨에 손을 얹고 노래를 부르면서 달팽이집의 바깥쪽으로 나온다.

⑤ 술래가 있는 곳까지 오면 멈추어서 맨 앞에 있는 참가자가 술래와 떡을 놓고 흥정을 한다. 흥정을 하다가 술래의 주위를 다른 곳으로 끈 다음 떡을 멀리 찬다.

⑥ 참가자들은 재빨리 달팽이집을 따라 맨 안쪽까지 들어가서 금을 그어 문을 닫는다. 이때 모든 참가자가 다 들어와야 문을 닫을 수 있다.

⑦ 술래는 떡을 주워 와서 원래의 자리에 놓은 다음 달팽이집을 따라 들어가면서 참가자들을 친다. 모든 참가자가 달팽이집 맨 안쪽으로 들어가서 문을 닫으면 더 이상 칠 수 없다.

⑧ 술래에게 치인 참가자가 다음 술래가 되고 놀이를 다시 시작한다. 치인 참가자가 없으면 술래가 다시 한 번 술래가 되고, 치인 참가자가 여럿이면 가위바위보로 술래를 결정한다.

쉬어 가기

학교와 핵교의 차이점은?

→ 학교는 다니는 곳이고, 핵교는 댕기는 곳이다.

5. 전통 놀이 ⑳

그림자 밟기

진행 방법

① 운동장 한가운데나 장애물이 없는 곳을 놀이 장소로 택한다.

② 술래를 몇 명 정한다.

③ "시작!" 신호와 함께 술래는 술래 아닌 참가자들의 그림자를 밟으러 다닌다.

④ 술래가 아닌 참가자들은 술래에게 자기의 그림자를 밟히지 않도록 도망 다닌다.

⑤ 그림자가 밟힌 참가자는 술래가 되어 놀이가 계속 이어진다.

쉬어 가기

세상에서 가장 빠른 닭은?

→ 우다닥

5. 전통 놀이 ㉑

비석치기

준비물 비석(납작한 돌)

진행 방법

① 5미터 정도의 거리를 두고 출발선과 비석을 세우는 선을 긋는다.

② 두 편으로 나누고 먼저 던지는 편을 정하고 비석(납작한 돌)을 준비한다.

③ 진 편은 모두 돌을 땅에 세워 놓는다.

④ 세워 놓은 돌을 맞히는데 모두가 못 맞히면 던지는 편이 바뀐다.
맞히면 또 할 수 있고 상대편 돌을 모두 맞히면 다음 단계(거리 조절)로 넘어간다.

응용 방법

앞에서 나온 게임과 같이 난이도는 거리 조절과 신체 부위(머리, 어깨, 손등, 팔꿈치 사이, 무릎 사이, 발등 등)를 이용해 조절할 수 있다.

5. 전통 놀이 ㉒

왔다리 갔다리

꽃 **준비물** 공주머니 혹은 주먹공

진행 방법

① 두 편으로 나누고 각 편에서 한 명씩 나와 가위바위보로 수비 편과 공격 편을 정한다.

② 30m~40m 간격으로 편을 두 개 정한다.

③ 공격 편은 한쪽 진에 있고 수비 편은 진과 진 사이에 흩어져 있는다.

④ 수비는 주먹공이나 콩주머니를 주고 받으면서 가까이에 오는 공격 편을 칠 수 있으며 주먹공이 없는 경우 아무리 쳐도 소용이 없다.

⑤ 공격 편은 한쪽 진에서 다른 쪽 진을 짚고 돌아와야 하는데 이렇게 돌아오면 한 바퀴가 되고 공격 편의 어떤 참가자라도 일정한 바퀴수를 채우면 다시 공격 편이 된다.

⑥ 수비 편이 공격 편을 세 번 치면 공격 편이 되어 놀이할 수 있다.

⑦ 놀이의 결과에 따라 다시 공격과 수비가 되어 놀이를 계속한다.

유의 사항

공격 편이 양쪽의 진을 이동할 때는 깨금발을 사용하도록 한다.

5. 전통 놀이 ㉓

가위바위보! 업어 주기

진행 방법

① 2명이 가위바위보를 한다. 이긴 참가자가 진 사람의 등에 업혀 2인 1편이 된다.

② 이 한 편은 다른 한 편과 만나서 등에 업힌 사람끼리 가위바위보를 한다.

③ 이때 진 편의 두 명(업힌 참가자와 업은 참가자 모두)은 이긴 편의 한 사람씩을 각각 업는다. 이렇게 되면 새로운 사람으로 2인 1편이 이루어진 것이다.

④ 이 새로운 편은 다른 편에게 가서 다시 가위바위보를 하여 서로 업어 주는 것을 계속한다.

유의 사항

진행자는 업어 주는 시간과 가위바위보하는 시간을 조절하며 진행한다.

5. 전통 놀이 ㉔

까막잡기

준비물 눈가리개

진행 방법

① 3명 이상이면 할 수 있고, 놀이에는 8~10명 정도가 적당하다.

② 조용하고 장애물이 없는 곳을 정해서 그 안에서만 놀기로 한다.

③ 가위바위보 등 적당한 방법으로 술래를 한 명 정한다.

④ 술래는 보이지 않게 수건이나 눈가리개로 눈을 가린다.

⑤ 술래를 제외한 나머지 참가자들은 손뼉을 치면서 술래를 피해 다닌다.

⑥ 술래에게 잡힌 참가자는 술래가 되어 놀이를 다시 시작한다.

⑦ 3번 이상 잡힌 참가자는 벌칙을 정하여 벌칙을 받게 할 수도 있다.

5. 전통 놀이 ㉕

글짓기

준비물 반환점, 펜, 종이

진행 방법

① 인원은 5~6명 정도가 한 편을 이뤄 진행하면 좋다.

② 술래 한 명을 정한 후 술래가 한 글자를 말하거나 또는 땅바닥에 쓴 후 일정한 거리에 떨어진 반환점을 돌아서 온다.

③ 나머지 참가자는 술래가 지시한 한 글자를 첫 자로 하는 낱말 3개를 써 넣는다. 다 쓰면 손으로 가린다.

④ 술래가 돌아서 오는 동안 3개의 낱말을 써 놓지 못하면 술래가 된다.

⑤ 술래는 반환점을 돌아서 온 뒤 써 놓은 낱말을 맞히는데 이때 한 가지 낱말을 말하고 그것을 쓴 참가자는 술래가 된다.

⑥ 술래가 없으면 기존의 술래는 또 술래가 되어 놀이를 시작한다. 술래가 여럿이면 가위바위보를 하여 술래를 한 명 뽑아 놀이를 계속한다.

응용 방법

주제어를 정해 진행해도 좋다.

예 술래가 '여름'이라고 하고 반환점을 돌아서 오는 동안 여름하면 생각나는 것들을 적으면 된다.

쉬어 가기

장사꾼들이 싫어하는 경기는?

→ 불경기

6. 특수 아동

1. 잘 듣고 그려 봐
2. 인간 줄다리기
3. 누가 누가 빨리 먹고 들어올까요?
4. 소원 큰 소리로 말하기
5. 콩 옮기기
6. 엉덩방아의 위력
7. 빈 깡통 굴리기
8. 살금살금 걸어요
9. 특별 공연
10. 몸으로 말해요
11. 누가 꿀떡을 먹었나?
12. 우리 편 이름을 찾아라!
13. 날아라 내 신발~
14. 빨래집게를 집어라
15. 최고를 찾아라
16. 손잡고 달리기
17. 물풍선 돌리기
18. 우리 지금 만나
19. 신데렐라의 신발 찾기
20. 풍선 배구
21. 낙하산
22. 릴레이 낚시 놀이
23. 리본체조
24. 모여라 친구들!
25. 2인 3각 릴레이
26. 공 굴리기
27. 장애물 넘어 슛하기
28. 징검다리 미션
29. 땅은 좁고! 사람은 많고!
30. 사랑 폭발 게임
31. 천생연분 게임
32. 우유팩 차기
33. 콩주머니 던지기
34. 거울 보고 뒤로 던지기
35. 색종이 날려 보내기
36. 손발로 공 넘기기
37. 풍선 테니스
38. 애벌레 경주
39. 몸으로 말해요
40. 고무줄 나르기
41. 뭉쳐야 산다

6. 특수 아동 ❶

잘 듣고 그려 봐

준비물 사인펜 3색(검정, 빨강, 파랑), 4절지 정도의 종이 20장

진행 방법

① 각 편별로 종이를 나눠 준다.

② 진행자가 동물이나 사물을 말로 설명한 후 제일 비슷하게 그리는 편이 이긴다.

예 진행자가 "이것은 다리가 4개이고 몸은 바위같이 큽니다. 그리고 뿔도 달려 있답니다.(코뿔소)"라고 하면 참가자들은 답과 가장 비슷하게 그리면 된다.

유의 사항

자원 봉사자와 함께 진행할 경우에는 자원 봉사자보다는 참가자의 의견을 반영하도록 한다.

응용 방법

편별 게임으로 진행하여도 좋다.

6. 특수 아동 ❷

인간 줄다리기

준비물 깃발, 평가판

진행 방법

① 각 편의 인원을 12~18명으로 한다.

② 몸이 큰 참가자가 앞쪽으로 오고 몸이 작은 참가자가 뒤쪽으로 가는 것이 안전하다.

③ 맨 앞 참가자는 상대편 앞 사람과 손깍지를 끼고 2번째 참가자부터는 각각 앞사람의 배(몸통) 부분을 끌어안는다.

④ 이런 식으로 2줄로 만든 다음 당기기를 한다.

⑤ 줄이 끊어지거나 상대편 쪽으로 줄이 많이 간 편이 승리한다.

⑥ 남, 여가 서로 섞여서 게임을 하면 좀 더 친밀감 형성에 도움이 된다.

유의 사항

넘어질 때 다칠 수 있으므로 주위의 장애물들을 치우고 넓은 장소에서 진행한다.

6. 특수 아동 ❸

누가 누가 빨리 먹고 들어올까요?

준비물 사탕, 큰 접시, 밀가루

진행 방법

① 각 편의 인원을 12~18명으로 한다.

② 참가자의 신체 발달 정도에 따라 혹은 성별을 기준으로 줄을 세운다.

③ 맨 앞 참가자부터 출발하게 한다.

④ 앞쪽에 준비되어 있는 접시에 들어 있는 사탕을 손을 쓰지 않고 먼저 먹는다.

⑤ 마지막에 먼저 들어오는 참가자를 기준으로 승리 편을 선정한다.

응용 방법

2인 1조로 조를 만들어 1명이 다른 한 명을 업고 달려가 업힌 사람이 사탕을 먹는 게임으로 바꾸어도 재미있다.

쉬어 가기

'아름다운'은 영어로 'Beautiful'이다. 그러면 '티 없이 아름다운'은?

→ 'Beauiful'

6. 특수 아동 ❹

소원 큰 소리로 말하기

준비물 스티로폼 공 모양 폭탄, 혹은 풍선

진행 방법

① 각 편의 인원을 12~18명으로 한다.

② 참가자를 두 줄로 세운다.

③ 맨 앞 참가자부터 출발하게 한다.

④ 앞쪽에 앉은 참가자부터 공 모양의 가짜 폭탄을 손에 쥐어 준다.

⑤ 폭탄을 잡는 순간부터 큰 소리로 자신의 소원 또는 하고 싶은 말을 하고 나서 뒤로 전달한다.

⑥ 폭탄이 마지막 참가자까지 가게 되면 참가자들은 뒤로 돌아앉는다.

⑦ 그 다음 폭탄을 다시 출발점으로 보내면서 "사랑해!"를 외친다.

⑧ 폭탄이 먼저 들어오는 편이 승리한다.

유의 사항

자신감을 불어넣기 위한 게임이므로 승패에 치우쳐 자칫 소원을 말하지 않고 폭탄을 전달하는 일이 없도록 한다.

응용 방법

소원 대신 다른 말을 해도 좋다.

예 친구 이름 크게 외치기 등

쉬어 가기

간장은 간장인데 사람이 먹을 수 없는 간장은?

→ 애간장

6. 특수 아동 ❺

콩 옮기기

준비물 콩, 젓가락, 접시

진행 방법

① 두 편으로 나눈다.

② 반환점 앞에 있는 테이블 위의 콩을 젓가락을 이용해 접시에 모두 옮기고 돌아오는 릴레이 게임이다.

③ 콩을 정확하고 빠르게 옮기는 편이 이기게 한다.

유의 사항

젓가락 사용이 불편할 경우 숟가락을 이용해도 좋다.

쉬어 가기

아무리 예뻐도 미녀라고 못하는 이 사람은?

→ 미남

6. 특수 아동 ❻

엉덩방아의 위력

준비물 풍선, 의자

진행 방법

① 각자에게 풍선을 나누어 준 다음 직접 불게 한다.

② 두 편으로 나누어 신호와 동시에 의자가 있는 곳으로 달려가게 한다.

③ 의자 위에 풍선을 올려놓고 엉덩이로 터뜨린 후 출발점으로 달려와 자기 편에게 터치하여 마지막 주자가 먼저 들어온 편이 승리한다.

유의 사항

풍선을 불지 못하는 참가자들을 위해 바람이 들어간 풍선을 미리 준비해 두는 것도 좋다.

응용 방법

2인 1조로 출발하여 반환점에서 서로 껴안으며 터트리게 하는 것도 좋다.

6. 특수 아동 ❼

빈 깡통 굴리기

준비물 빈 깡통, 막대기

진행 방법

① 두 편으로 나누어 출발 지점에 세우고 15m 전방에 깃대를 세운다.

② 출발 신호와 동시에 막대기로 깡통을 밀거나 쳐서 반환점을 돌아서 온다.

③ 돌아온 주자는 다음 선수에게 막대기와 깡통을 넘겨준다.

④ 마지막 주자가 먼저 들어온 편이 이기게 된다.

유의 사항

깡통 안에 구슬 등을 넣어 소리가 나게 하면 더 좋다.

쉬어 가기

십리 길 한가운데에서 만나는 동물은?

→ 오리

6. 특수 아동 ❽

살금살금 걸어요

준비물 플라스틱 대야, 물

진행 방법

① 두 편으로 나눈다.

② 진행자의 신호에 따라 물이 든 대야를 들고 반환점을 돌아서 온다.

③ 가장 빨리 끝난 편과 물을 적게 흘린 편이 이긴다.

응용 방법

반환점에 큰 양동이를 놓고 물을 채우는 게임으로 바꾸어 진행해도 재미있다.

쉬어 가기

싸우려면 먼저 뭉쳐야 하는 싸움은?

→ 눈싸움

6. 특수 아동 ❾

특별 공연

준비물 음악, 상품

진행 방법

① 참가자들을 편별로 앉도록 한다.

② 참가자들이 집중할 수 있도록 음악을 들려주고 진행자는 율동 시범을 보여준다.

③ 보조 진행자들과 함께 참가자들이 율동을 익힐 수 있도록 한다.

④ 가장 호응도가 좋고 잘 따라 하는 편에게 상품을 제공한다.

응용 방법

율동을 재미있게 하는 편 또는 창작하여 하는 편에게도 높은 점수를 주는 것이 좋다.

쉬어 가기

개미 목구멍보다 작은 것은?

→ 개미 먹이

6. 특수 아동 ⑩

몸으로 말해요

준비물 문제 카드(동물, 사물)

진행 방법

① 편을 나눈다.

② 각 편별로 장애 참가자와 비장애 참가자를 각각 1명씩 선정한다.

③ 비장애 참가자는 말로 설명하지 않고 의성어와 몸짓으로 문제 카드의 동물을 설명하고 장애 참가자는 문제를 맞힌다.

응용 방법

시간을 정해 많이 맞히는 편이 승리하는 방식으로 진행하는 것도 좋다.

쉬어 가기

손님이 뜸하면 돈 버는 사람은?

→ 한의사

6. 특수 아동 ⑪

누가 꿀떡을 먹었나?

준비물 과자, 고추냉이, 고추장, 새우젓

진행 방법

① 편을 나눈다.

② 한 편에서 대표 4명이 나와서 일반 과자와 고추냉이, 고추장, 새우젓이 들어 있는 과자를 먹는다.

③ 상대편에서 고추냉이가 들어 있는 과자를 먹은 참가자를 찾는다.

유의 사항

과자를 먹는 사람들이 연기를 할 수 있도록 유도해도 좋다.

응용 방법

준비물을 구하기 어려울 경우에는 1명에게만 과자를 주고 과자 먹은 사람을 찾게 하는 것도 재미있다.

6. 특수 아동 ⑫

우리 편 이름을 찾아라!

준비물 신문지, 풀, 가위, 도화지

진행 방법

① 각 편의 이름을 정한다.

② 신문에서 편 이름의 글자를 찾아 잘라서 도화지에 붙여 편 이름을 완성한다.

응용 방법

편 이름뿐 아니라 같은 편 참가자 이름 찾기 등 다양한 주제어로 게임을 진행할 수 있다.

쉬어 가기

김밥이 죽으면 가는 곳은?

→ 김밥 천국

6. 특수 아동 ⑬

날아라 내 신발~

준비물 개인 신발

진행 방법

① 참가자들을 1열 가로 형태로 서게 한다.

② 오른쪽 또는 왼쪽 신발을 발가락에 걸치고 힘껏 차게 한다.

③ 신발이 멀리 날아가게 하는 참가자가 승리한다.

응용 방법

① 뒤로 차서 멀리 날아가는 것도 재미있다.

② 지정한 위치에 떨어지게 하는 것도 재미있다.

쉬어 가기

홍당무가 무가 되었다. 이유는?

→ 헌혈해서

6. 특수 아동 ⑭

빨래집게를 집어라

준비물 빨래집게

진행 방법

① 장애 참가자와 비장애 참가자를 혼합하여 편을 나눈다.

② 모든 참가자들은 옷에 빨래집게 3개씩 집어 놓는다.

③ 주어진 시간 동안 상대편 참가자와 가위바위보를 하여 빨래집게를 획득한다.

④ 자기 편 참가자의 빨래집게는 같은 편 참가자에게 나누어 줄 수 있다.

⑤ 주어진 시간이 경과된 후 빨래집게의 수를 세어 승리 편을 결정한다.

응용 방법

빨래집게 대신 고무줄을 이용해도 좋다.

쉬어 가기

세종대왕이 만든 우유는?

→ 아야어여오요 우유!

6. 특수 아동 ⑮

최고를 찾아라

준비물 단어 카드

진행 방법

① 장애 참가자와 비장애 참가자를 혼합하여 편을 나눈다.
② 사회자는 찾을 물건을 수화와 단어 카드를 통해서 제시한다. (예: 키가 제일 큰 사람, 머리카락이 가장 긴 사람)
③ 각 편에서 찾은 최고들을 겨루어 승리 편을 결정한다.

유의 사항

참가자들이 수치심을 가질 수 있는 것들은 제외하고 진행한다.

응용 방법

다양한 최고를 찾는 것도 재미있다.

예 제기 차기 왕, 목소리 큰 사람, 높이뛰기 잘하는 사람 등

6. 특수 아동 ⑯

손잡고 달리기

진행 방법

① 장애 참가자와 비장애 참가자를 혼합하여 편을 나눈다.
② 장애 참가자와 비장애 참가자는 함께 손을 잡고 반환점을 돌아서 온다.
③ 먼저 들어온 편이 이기며 달리면서 손을 놓으면 실격된다.

유의 사항

손을 잡고 뛸 때 비장애 참가자가 장애 참가자와 보폭을 맞추어 뛰도록 안내해 준다.

응용 방법

반환점을 돌 때 미션(풍선 터트리기, 과자 먹기, 업고 돌아오기) 등을 하는 것도 재미있다.

쉬어 가기

지나갈 때는 못 가게 하고, 안 지나갈 때는 가게 하는 곳은?
→ 건널목

6. 특수 아동 ⑰

물풍선 돌리기

준비물 물풍선

진행 방법

① 장애 참가자와 비장애 참가자를 섞어서 둥글게 앉는다.
② 노래를 부르면서 물풍선을 옆 참가자에게 옮긴다.
③ 노래가 끝났을 때 물풍선을 가지고 있는 참가자는 무대로 나와서 노래와 춤을 추게 한다.
④ 게임 도중에 물풍선을 터트린 사람도 무대로 나와서 노래와 춤을 춘다.

유의 사항

노래는 누구나 부를 수 있는 노래를 준비한다.

응용 방법

노래와 춤 이외에 다양한 벌칙을 지정해 수행하게 해도 재미있다.

6. 특수 아동 ⑱

우리 지금 만나

준비물 안대

진행 방법

① 편을 나눈다.

② 각 편 참가자 중 한 명이 눈을 가리고 결승선과 마주선다.

③ 결승선에 선 참가자는 소리를 내어 자신의 위치를 알리고 눈을 가린 참가자는 소리를 듣고 자기 편 참가자를 찾는다.

④ 먼저 자기 편 참가자를 찾는 편이 승리한다.

유의 사항

① 여러 편이 동시에 실시한다.

② 한 편씩 할 경우에는 시간을 재서 빨리 찾는 편이 승리하게 된다.

응용 방법

한 편씩 할 경우 각종 악기나 잡음을 통해 상대방을 방해할 수 있도록 해도 재미있다.

6. 특수 아동 ⑲

신데렐라의 신발 찾기

준비물 호루라기, 신발

진행 방법

① 모두 신발을 벗고 둥글게 선다.

② 참여 인원수보다 적은 수의 신발을 가운데 놓는다.

③ 노래에 맞추어 둥글게 돈다.

④ 진행자의 신호에 맞추어 신발을 신는다.

⑤ 신발을 신지 못한 참가자를 나오게 하고 신발의 수를 줄여서 게임을 계속한다.

응용 방법

장기자랑을 통해 신발을 못 신은 참가자에게 부활의 기회를 주어도 좋다.

6. 특수 아동 ⑳

풍선 배구

준비물 풍선, 배구 네트, 조끼

진행 방법

① 참가자 10명의 수행 수준을 고려하여 5명씩 나눈 뒤, 각 편에게 빨간색과 파란색의 조끼를 나누어 준다.
② 각 편 참가자들은 의견을 모아 편 이름을 정한 뒤, 진행자에게 말한다.
③ 각 편의 주장이 나와서 가위바위보로 첫 서브 순서를 정한다.
④ 가위바위보에서 이긴 편은 풍선을 먼저 서브할 기회를 갖는다.
⑤ 신체의 어느 부분을 이용해서든 풍선을 3번 안에 상대편에게 넘긴다. (이때, 손으로 네트를 치면 반칙이 되고, 아웃이 되면 상대편에게 서브의 기회를 준다.)
⑥ 서브는 각 편 왼쪽에서부터 오른쪽으로 돌아가면서 한다.
⑦ 7점씩 3세트를 해서 이긴 편과 진 편을 나눈다.

유의 사항

점수와 세트 수는 시간과 상황에 맞게 조절할 수 있다.

6. 특수 아동 ㉑

낙하산

준비물 낙하산

진행 방법

① 참가자 7명과 진행자 1명은 낙하산 손잡이를 잡고 선다.

② 진행자는 참가자들과 함께 낙하산을 잡고 왼쪽으로 걷고, 다시 오른쪽으로 걷는다.

③ 진행자는 참가자들과 함께 낙하산을 잡고 파도 모양을 연상하도록 손잡이를 잡고 위, 아래로 흔든다,

④ 진행자가 "하나, 둘, 셋!"이라고 외치면 참가자들은 사회자와 함께 낙하산을 위로 번쩍 올려서 낙하산이 동그랗게 되도록 만들고, 이때 진행자가 참가자 한 명의 이름을 부르면 그 참가자는 낙하산 중앙으로 들어간다.

⑤ 한 명의 참가자가 낙하산 중앙으로 들어가면, 나머지 참가자들과 진행자는 낙하산 손잡이를 바닥으로 내려놓고 버섯 모양이 되게 한다.

⑥ 진행자가 왼쪽에서 오른쪽 방향으로 한 명씩 참가자의 이름을 부르면 ④~⑤를 한다.

⑦ 활동이 끝난 후, 모두들 동그랗게 낙하산 위에 앉아서 활동을 하면서 느낀 점에 대해서 얘기한다.

응용 방법

2편이 동시에 낙하산을 하늘로 날려 공중에 떠 있는 시간이 많은 편이 이기는 게임을 진행해도 좋다.

쉬어 가기

어느 날 할아버지와 손자가 길을 걷고 있었는데, 옆에서 산불이 나고 있었다. 그때, 손자가 할아버지에게 한 말은?

→ 산타 할아버지!

6. 특수 아동 ㉒

릴레이 낚시 놀이

준비물 자석 낚싯대, 낚시터, 자석 물고기, 바통

진행 방법

① 참가자 20명을 각각 10명씩 편을 나눈다.

② 각 편의 첫 주자는 출발선에서 청색 바통과 백색 바통을 쥐고 대기한다.

③ 진행자가 "출발!"이라고 외치면 첫 주자들은 바통을 쥐고 낚시터로 뛰어간다.

④ 주자는 바통을 옆에 내려놓고, 자석 낚싯대를 쥐고 자석 물고기를 3마리씩 잡는다.

⑤ 자석 물고기 3마리를 잡은 주자는 자석 낚싯대를 내려놓고, 바통을 쥐고 출발점으로 다시 돌아온다.

⑥ 주자는 다음 주자에게 바통을 전달하고, 다음 주자는 낚시터로 뛰어간다.

⑦ 릴레이 형식으로 진행되며 각 편의 마지막 주자 중 더 빨리 도착점에 도착한 편이 이긴다.

유의 사항

상황에 따라 잡아야 할 물고기 마릿수를 조절해도 된다.

응용 방법

체육대회 때 할아버지 할머니 게임으로 활용해도 좋다.

쉬어 가기

누나도 싫고 언니도 싫고 오직 형만 좋아하는 것을 무엇이라 하는가?

→ 형광 팬

6. 특수 아동 ㉓

리본체조

준비물 리본 봉, 카세트

진행 방법

① 참가자들을 일렬로 서서 양팔 간격으로 벌린 후 서로 부딪히지 않게 선다.
② 진행자는 참가자에게 각각 리본 봉을 나누어 준다.
③ 진행자가 리본 봉으로 물결 모양을 만들면, 참가자들도 물결 모양을 만든다.
④ 진행자가 리본 봉으로 8자 모양을 만들면, 참가자들도 8자 모양을 만든다.
⑤ 진행자가 리본 봉으로 하트 모양을 만들면, 참가자들도 하트 모양을 만든다.
⑥ 진행자는 참가자들이 각자 5분 동안 자신만의 리본체조를 구상하도록 한다.
⑦ 진행자가 음악을 틀면 왼쪽에서부터 한 명씩 무대 위로 올라가서 자신이 구상한 리본체조를 한다.
⑧ 모든 참가자들이 리본체조를 마치면, 왼쪽에서부터 제일 멋진 리본체조를 한 참가자에게 가장 큰 박수를 친다.
⑨ 가장 큰 박수를 받은 참가자는 무대 위로 올라가서 앵콜 무대를 선보인다.

유의 사항

참가자들의 창의성이 중요하므로 절대로 야유나 핀잔을 주지 않는다.

6. 특수 아동 ㉔

모여라 친구들!

진행 방법

① 참가자 20명 모두 손을 잡고 동그랗게 원을 만든다.

② 음악을 틀면, 20명 모두 손을 잡고 같은 방향으로 돈다.

③ 음악이 멈추고 진행자가 "○명"이라고 소리치면, 그 수에 맞게 서로 모여서 껴안는다.

④ 구성원 사이에 끼지 못한 참가자는 원 중앙에 앉는다.

⑤ ③번 형식으로 계속 진행이 되며, 끝까지 살아남은 참가자는 앉아서 쉬고, 원 안에 있는 참가자는 모두 일어선다.

⑥ 일어난 참가자는 음악에 맞추어서 춤을 춘 뒤, 엉덩이로 이름을 쓴다.

응용 방법

진행자가 지정한 인원수가 모인 모둠은 특정 행동을 하게 한다.

예 만세 또는 어깨동무하고 앉으면서 "사랑해!"를 외치게 한다.

6. 특수 아동 ㉕

2인 3각 릴레이

준비물 2인 3각 밴드

진행 방법

① 진행자는 참가자 40명을 각각 20명씩 2편으로 나눈다.
② 각 편의 주자 2명은 출발선 앞으로 나와서 2인 3각 밴드를 한 발씩 나눠서 착용한다.
③ 진행자가 "출발!"이라고 외치면 각 편의 두 명은 손을 잡거나, 어깨에 손을 올리고 반환점을 돌고 온다.
④ 반환점을 돌고 와서 출발점으로 오면 다음 주자와 손뼉을 치고, 다음 주자 두 명은 출발한다.
⑤ 릴레이 형식으로 진행되며 각 편의 마지막 주자 중 더 빨리 도착점에 도착한 편이 이긴다.

유의 사항

발이 엉키지 않도록 주의시킨다.

응용 방법

3인 4각 또는 인원수를 늘려 가며 진행해도 재미있다.

6. 특수 아동 ㉖

공 굴리기

준비물 큰 공, 콘

진행 방법

① 참가자 30명을 각각 15명씩 나누어서 2편으로 나눈다.
② 각 편의 첫 주자들은 출발선에 대기한다.
③ 진행자가 "출발!" 하고 외치면 주자들은 자기 앞에 있는 공을 앞으로 굴린다.
④ 원으로 나열되어 있는 콘을 쓰러뜨리지 않고 한 바퀴 돌고 와서 다음 주자에게 공을 넘겨준다.
⑤ 릴레이 형식으로 진행되며 각 편의 마지막 주자가 더 빨리 도착점에 도착한 편이 이긴다.

유의 사항

대형 애드벌룬 굴리기와 유사하다.

6. 특수 아동 ㉗

장애물 넘어 슛하기

준비물 오공천(구멍이 다섯 개 난 천), 골대, 축구공, 원형 마커, 매트

진행 방법

① 참가자 40명을 20명씩 나누어서 청군과 백군으로 나눈다.

② 각 편의 첫 주자들은 출발선에 대기한다.

③ 진행자가 "출발!"이라고 외치면 주자들은 오공천까지 달려가서, 오공천을 통과한 다음 원형 마커 위에 올려져 있는 축구공을 차서 골대에 넣는다.

④ 성공한 참가자는 출발점으로 달려와서 다음 주자와 손뼉을 친다.

⑤ 릴레이 형식으로 진행되며 각 편의 마지막 주자 중 더 빨리 도착점에 도착한 편이 이긴다.

응용 방법

오공천 대신 다양한 장애물을 넣어도 좋다.

6. 특수 아동 ㉘

징검다리 미션

준비물 훌라후프, 콘, 원형 마커 10개

진행 방법

① 참가자 30명을 각각 15명씩 청군과 백군으로 나눈다.
② 각 편의 첫 주자는 출발선에서 대기한다.
③ 진행자가 "출발!"이라고 외치면 각 편의 첫 주자들은 징검다리처럼 바닥에 일렬로 놓여 있는 원형 마커를 벗어나지 않도록 한 발씩 뛰어서 10개를 넘는다. (이때 원형 마커에서 발이 벗어나면 처음부터 다시 해야 한다.)
④ 원형 마커 10개를 건너 뛰어와서 도착점 앞에 있는 훌라후프를 던져서 콘에 넣는다.
⑤ 다시 원형 마커 10개를 벗어나지 않도록 한 발씩 뛰어서 출발점으로 돌아온다.
⑥ 릴레이 형식으로 진행되며 각 편의 마지막 주자 중 더 빨리 도착점에 도착한 편이 이긴다.

응용 방법

훌라후프 던지기 대신 투호 놀이나 신발 던지기 등도 가능하다.

6. 특수 아동 ㉙

땅은 좁고! 사람은 많고!

준비물 신문지

진행 방법

① 참가자 6명은 각각 3명씩 나누어서 편을 구성한다.

② 진행자는 각 편에게 신문지 한 장씩 나누어 준다.

③ 신문지가 바닥에 가장 넓게 펴진 상태부터 가장 작게 접힌 상태까지 신문지 위에 3명이 서로 안고 들어갈 수 있어야 한다. (이때, 5초 동안 버티고 있어야 한다.)

④ 더 작게 접은 신문지에서 3명이 서서 버틴 편이 승리하게 된다.

유의 사항

신문지가 찢어질 수 있으므로 여유분을 준비한다.

응용 방법

인원수를 늘려 가며 진행해도 좋다.

6. 특수 아동 ㉚

사랑 폭발 게임

준비물 풍선

진행 방법

① 5커플 정도 앞으로 나오게 하여 적당히 불어 놓은 풍선을 서로의 가슴에 대고 열렬하게 껴안아 빨리 터뜨리는 게임이다.

② 먼저 터트린 커플이 승리하게 된다.

응용 방법

풍선을 불 때 신나는 음악을 이용해 커플 댄스를 추게 하여 보너스 점수를 주는 것도 좋다.

쉬어 가기

오른손으로는 들어도 왼손으로는 들지 못하는 것은?

→ 왼손

6. 특수 아동 ㉛ 천생연분 게임

진행 방법

① 전체 참가자들에게 노래하게 하다가 사회자가 "준비하시고 쏘세요!" 하면 재빨리 맘에 드는 참가자에게 찾아가 등을 기대고 선다.

② 진행자가 "하나, 둘, 셋!" 구령을 하면 동시에 돌리고 싶은 방향으로 얼굴을 돌리라고 한다. 이때 만약 고개가 서로 마주치면 "천생연분!"이라고 소리친다. 한 커플당 두 번의 기회를 준다.

③ 천생연분이 되지 않는 커플은 떨어지고 천생연분인 커플은 다시 다른 짝을 찾아 나선다. 마지막까지 남아 있는 커플에게 상품이 돌아간다.

응용 방법

천생연분이 안 된 참가자들에게 재미있는 멘트로 다시 한 번 기회를 주는 것도 좋다.

쉬어 가기

텔레비전에서 가장 먼저 나오는 것은?

→ '텔'

6. 특수 아동 ㉜

우유팩 차기

준비물 우유팩, 소리 나는 기구, 골대

진행 방법

① 우유팩에 종, 작은 블록, 방울, 구슬 등을 넣는다.

② 실내의 가장자리에 골대를 세우고 우유팩을 차 넣을 때마다 점수를 준다.

유의 사항

각 편에 골키퍼를 두어 승부차기 형태로 진행해도 재미있다.

쉬어 가기

아무리 많이 모아도 결국은 버리는 것은?

→ 쓰레기

6. 특수 아동 ㉝

콩주머니 던지기

준비물 콩주머니, 소리 기구(예: 라디오, 태엽, 시계 등), 페트병, 상자, 종이가방

진행 방법

① 시각 장애우들을 바닥에 편안하게 앉도록 한다.

② 콩주머니를 지정 장소로 던지게 한다.

③ 참가자가 잔존시력을 가지고 있다면, 밝은 색깔의 목표 장소를 정해 놓는다.

④ 전맹이라면 목표 장소에 소리 기구를 설치한다.

⑤ 페트병, 상자 또는 종이 가방을 목표물로 사용할 수 있다.

⑥ 목표물을 맞추거나 가장 근사치에 던진 참가자가 승리하게 된다.

유의 사항

진행자는 참가자들에게 방향 또는 거리 등을 설명해 주어도 된다.

6. 특수 아동 ㉞

거울 보고 뒤로 던지기

준비물 손거울 2개, 빈 상자 2개, 종이 뭉치 20개

진행 방법

① 게임 참가자를 두 편으로 나눈 뒤 각 편의 등 뒤 2m 정도의 거리에 빈 상자를 놓고 앉게 한다.

② 진행자의 "시작!" 신호에 따라 각자 거울을 보고 10개씩의 종이 뭉치를 등 뒤로 던져 자기 편 소유의 빈 상자에 던져 넣게 한다.

③ 진행자는 게임 참가자가 뒤로 던질 때마다 빈 상자에 들어갔는지를 말해 주며, 들어갔을 경우에는 득점을 계산한다. 잘못 던져서 상대편의 상자에 들어가면 상대편의 득점으로 간주한다.

④ 참가자들이 순서대로 10개의 종이 뭉치를 던져 더 많은 득점을 획득한 편이 이긴다.

응용 방법

다양한 방향으로 변경하여 던지는 것도 재미있다.

예 앞, 옆, 대각선, 다리 사이 등

6. 특수 아동 ㉟

색종이 날려 보내기

준비물 색종이, 부채

진행 방법

① 실내에 출발선과 결승 푯말을 그린다. 그리고 출발선에 색종이를 일정 간격으로 늘어놓는다.

② "시작!" 신호에 따라 참가자들은 각자의 출발선에 놓인 색종이를 부채질로 결승 푯말을 향해 옮겨 가게 한다.

③ 일정 거리 밖의 결승 푯말에 제일 먼저 색종이가 도착한 참가자가 승리한다.

응용 방법

색종이 대신 비닐 등을 이용해도 좋다.

쉬어 가기

'진짜 새'를 다른 말로 하면?

→ 참새

6. 특수 아동 ㊱

손발로 공 넘기기

준비물 공, 바구니

진행 방법

① 두 편으로 나누고 누워서 경기할 수 있도록 준비한다.

② 누워서 발로 공을 받아 손으로 다음 참가자에게 전달하는 경기이다.

③ 각 편의 마지막 주자가 전달받은 공을 바구니에 넣는다.

④ 제한 시간 안에 바구니에 가장 많은 공을 넣는 편이 승리한다.

응용 방법

공 대신 풍선을 이용해도 좋다.

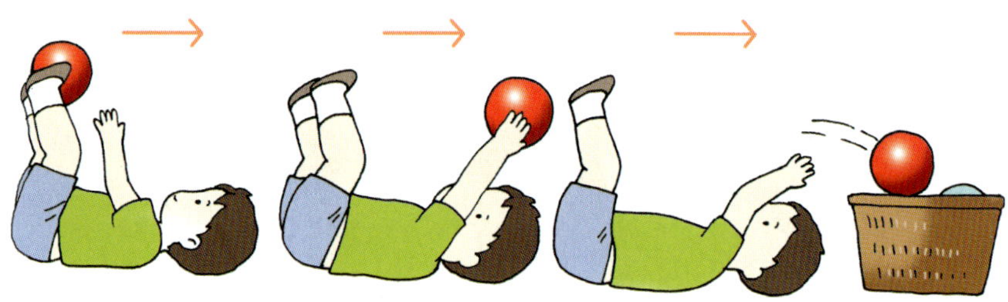

쉬어 가기

우리에겐 내일이 없다고 하는 것은?

→ 하루살이

6. 특수 아동 ㊲

풍선 테니스

준비물 부채, 풍선, 네트

진행 방법

① 기본적인 경기 방식은 일반 테니스 경기와 같으나, 테니스 라켓 대신 부채를 들고 테니스공 대신 풍선을 사용하며, 네트를 두거나 선을 긋는다.

② 4인 1조로 게임을 시작하며, 풍선을 상대편으로 넘기지 못하면 상대편이 득점을 하게 된다.

③ 먼저 10점을 얻는 편이 이긴다.

유의 사항

인원수 및 점수는 상황에 맞게 조절한다.

쉬어 가기

형과 동생이 싸웠는데 형만 야단맞는 세상은?

→ 형편없는 세상

6. 특수 아동 ㊳

애벌레 경주

준비물 사람이 들어갈 수 있는 긴 자루

진행 방법

① 애벌레의 움직임이 어떤지 이야기 나눈다.

② 다 같이 애벌레가 되어 게임을 할 것임을 소개하고 게임 방법을 알려준다.

③ 한 명이 나와 시범을 보이고 편을 두 편으로 나눈다.

④ 양 편에서 한 명씩 나와 자루 옷을 입는다.

⑤ 애벌레처럼 엎드려 몸으로 기어서 반환점을 돌아서 온다.

⑥ 먼저 들어온 편에 점수표를 붙여 준다.

쉬어 가기

오징어와 짱구의 차이는?

→ 오징어는 말려도 짱구는 못 말림

6. 특수 아동 ㊴

몸으로 말해요

진행 방법

① 두 편으로 나뉘어 원 대형으로 둘러앉는다.

② 한 사람씩 그 자리에서 일어나 몸짓(마임)만으로 자기의 장래 희망이 무엇인지를 표현한다. 예를 들어 바이올리니스트는 바이올린을 연주하는 동작을, 화가는 붓으로 그림을 그리는 동작을 하면 나머지 사람들은 그의 장래 희망이 무엇인지를 알아맞힌다.

③ 더 빨리 참가자들의 장래 희망을 모두 맞힌 편이 승리한다.

응용 방법

특정 단어, 사물, 동물 등을 표현하고 맞히는 것도 재미있다.

쉬어 가기

땅이 우는 소리는?

→ 흙흙!

6. 특수 아동 ㊵

고무줄 나르기

준비물 이쑤시개, 고무줄

진행 방법

① 각 편별로 모두 이쑤시개를 입에 물고 횡대로 선다.

② 고무줄을 이쑤시개에 걸어 오른쪽에서 왼쪽으로 나르는 방식으로 게임을 진행한다.

③ 가장 빨리 나르는 편이 승리하게 되며, 게임을 할 때는 손을 사용하면 안 된다.

응용 방법

다양한 형태로 변경 가능하다.

예 이쑤시개를 손에 들고 한다든지 고무줄 대신 양파링처럼 구멍이 있는 과자 등을 사용해도 좋다.

쉬어 가기

사람이 먹을 수 있는 제비는?

→ 수제비

6. 특수 아동 ㊶

뭉쳐야 산다

진행 방법

① 게임 방법은 일반적인 술래잡기와 비슷하다. 술래를 정하고, 술래는 다른 참가자를 잡기 위해 노력한다. 술래가 잡은 사람이 다음 술래가 된다.

② 일반적인 술래잡기와 다른 점은 두 사람이 껴안고 있으면 술래가 칠 수 없다.

③ 그러나 한 번 껴안은 사람과는 다시 껴안을 수 없고, 또한 5초 이상 껴안고 있을 수 없다.

유의 사항

게임 범위를 정해 놓고 진행하는 것이 좋다.

쉬어 가기

'쥐가 네 마리 모인 것' 을 두 글자로 줄이면?

→ 쥐포

재미있는 레크리에이션 게임 진행을 위한 유의점

1. 자신감을 가지고 진행한다.

➔ 진행자가 자신감 없는 모습을 보여주면 참가자들 역시 호응이나 참여하고 싶은 마음이 떨어져요. 목소리도 크게 하시고 몸짓이든 얼굴 표정이든 자신감 있게 하세요.

2. 모든 준비는 철저히 한다.

➔ 아주 쉬운 게임일지라도 준비는 철저히 하세요. 멘트, 준비물, 혹시 모를 변수에 대해서도 미리 리허설 또는 혼자서라도 연습을 꼭 한번 해 보세요.

3. 첫인사는 유머 있게 한다.

➔ 처음부터 경직되면 안 됩니다. 물론 어렵겠지만 첫인사를 재미있는 멘트로 준비해 보세요. 조금 더 쉽게 참가자들과 편하게 시작할 수 있을 거예요. 얼굴 표정 주의하세요. 웃으세요.

4. 게임 설명은 간단명료하게 하고 시범을 보인다.

➔ 참가자들, 특히 나이가 어린 친구들과 게임을 진행할 때는 설명을 아주 간단하게 해 주세요. 그리고 보조 진행자를 통해 직접 시범을 보여주는 것도 좋은 방법입니다.

5. 참가자들의 분위기를 빨리 파악한다.

➔ 게임을 진행하다가 반응이 안 좋을 때가 있을 거예요. 걱정 마세요.
하던 게임을 마무리하고 빨리 다른 게임으로 전환해 주세요.
혹시 모르니 게임을 여러 개 준비하는 것도 좋습니다.

6. 항상 열정적으로 진행한다.

➔ 열정적으로 진행하는 사람을 따라 하지 않을 수 없거든요. 진행자를 모두가

쳐다보고 있습니다. 목소리도 크게, 행동도 빠르게, 뭐든지 적극적으로 임하면 모두들 잘 따라 합니다.

7. 항상 '준비'와 '시작' 구호를 이용한다.

➔ 진행자만 준비하는 것이 아니라 참가자들에게도 역시 준비할 시간을 주세요. 그들 역시 긴장하고 있으니까요. 준비가 다 되면 "시작!" 구호를 외쳐 주세요.

8. 적당한 경쟁을 시켜 가며 진행한다.

➔ 적당한 경쟁은 게임 진행에 도움을 주지만 너무 과도한 경쟁은 피하세요. 과도한 경쟁은 자칫 사고로 이어질 수 있으니 주의해 주세요.

9. 실수를 유머로 넘긴다.

➔ 혹시 실수했더라도 인정하고 웃으면서 넘기세요. 대신 실수를 반복하면 안 되겠죠.

10. 판정은 정확하게, 결과에 대해서는 칭찬과 격려를 아끼지 않는다.

➔ 진행자는 진행뿐 아니라, 심판의 역할까지 해야 합니다.
객관성과 주관성을 동시에 가져야 합니다. 승자에게는 칭찬을, 패자에겐 격려를 아끼지 말고 해 주세요.

11. 항상 참가자들을 주시하고 시선을 고르게 한다.

➔ 참가자들이 소외받는다는 생각이 들지 않도록 시선을 앞, 뒤, 좌, 우를 고르게 봐 가며 진행해 주세요.

12. 참가자와 상황에 맞는 내용을 선택한다.

➔ 진행할 대상과 장소에 맞는 내용을 준비합니다. 실내인지 야외인지? 인원수가 얼마나 되는지? 시간은 얼마나 여유가 있는지? 연령대는 어떻게 되는지? 아무리 재미있는 게임일지라도 상황에 맞지 않으면 재미가 없어져요.

13. 게임의 끝을 적절하게 결정한다.

→ 재미있는 게임도 적당히 해야 재미가 있습니다. 시간적 여유가 있다면 차라리 다른 게임을 진행하세요. 재미있는 게임도 3번 정도가 적당합니다.

14. 게임을 진행할 때 진행자의 위치를 확인한다.

→ 진행자가 어디에 서 있어야 할지, 어디서 멘트를 해야 할지 참가자와의 거리는 어느 정도가 적당할지 미리 계산해야 합니다. 잘못하면 오히려 진행자가 게임에 방해가 될 수도 있습니다.

15. 진행자 자신이 원하는 대로 해라.

→ 진행에는 정답이 없습니다. 진행자 자신이 원하는 대로 하지만 앞에서 말한 몇 가지 지켜야 할 것들은 꼭 지켜 주세요. 진행자 자신이 그 자리에서는 제일 진행을 잘하는 사람입니다. 잊지 마세요.

◐ 참고 문헌 ◑

권미란(2009). 음률을 중심으로 한 유아음악교육. 창지사.

김경수(1999). 레크리에이션 지도서(II). 대경북스.

김병순(2007). 다문화가정 자녀의 유치원 생활에 관한 문화기술적 연구. 창원대학교 교육대학원 석사학위논문.

김은심(2009). 유아동작 교육의 이론과 실제. 창지사.

김재일(2004). 유아 레크리에이션. 유아놀이체육개발원.

김준희 역(2002). 레크리에이션 지도법. 동화기술교역.

김한섭(1998). 종합 레크리에이션. 삼호미디어.

대전광역시 교육청(2008). 다문화가정 학생 지도 우수사례집.

박경민(2008). 다문화가족 자녀의 환경적 요인이 사회 적응에 미치는 영향. 고려대학교 인문정보대학원 석사학위논문.

사단법인 한국레크리에이션연합회(2008). 레크리에이션 자격증 취득 연수교재.

사단법인 한국여가레크리에이션협회(2000). 레크리에이션 지도서. 대경북스.

안영진(2002). 새 아동발달 연구. 도서출판 꾸벅.

유성수(2008). 레크복음 땅끝까지. 도서출판 경향문화사.

유효순, 조정숙(1998). 놀이이론과 실제. 한국방송대학교출판부.

이광재(1999). 왕초보를 위한 레크리에이션 교실. 엘맨출판사.

이숙재(2006). 유아를 위한 놀이의 이론과 실제. 창지사.

이은원(1999). 즐거운 레크리에이션 게임. 솔바람.

전인옥, 이현균(2001). 유아교육기관 교사를 위한 유아체육활동의 이론과 실제. 양서원.

정옥분(2002). 아동발달의 이해. 학지사.

정완희, 이순희(1997). 레크리에이션 핸드북. 일신서적.

편집부(2002). 행사안내 글 모음집. 교육산업.

http://www.daum.net

http://www.naver.com

recreation.m114.net

저자소개

권미란

- 수도여자사범대학 영어영문학과 졸업(문학사)
- 세종대학교 대학원 졸업, 교육학 전공(교육학 석사)
- 미국 Southern Nazarene University 대학원 졸업, 유아교육학 전공(문학석사)
- 미국 Kansas State University 대학원 유아교육학과 수학
- 세종대학교 대학원 교육학 전공 박사과정 수료
- 한세대학교 대학원 졸업, 정보보호전공(공학석사, 공학박사)
- 현, 나사렛대학교 아동학과 교수

백주하

- 한경대학교 지역자원시스템공학과 졸업
- 경기대학교 스포츠과학대학원 레저스포츠컨설팅 석사
- 경기대학교 일반대학원 레저스포츠학과 박사과정 수료
- 현, 강원관광대학 유아보육과 겸임교수
  백주하이벤트 대표

유아 레크리에이션

초판 1쇄 발행 2011년 2월 25일
초판 2쇄 발행 2014년 8월 5일

지은이 | 권미란, 백주하
펴낸이 | 김기섭
편집인 | 태선옥
펴낸곳 | 창지사 www.changjisa.com
153-802 서울시 금천구 가산디지털 1로 83 파트너스타워1차 9층
전화 (02) 719-2211~3
팩스 (02) 701-9386
등 록 | 1977년 4월 28일 · 제1-421호

ISBN 978-89-426-0616-0 (93370)

값 16,000원

KOMCA 승인필